名师名校名校长

凝聚名师共识
回应名师关怀
打造名师品牌
培育名师群体

　　　　郎旺遠思

以学为中心的
初中英语教学研究

陈燕平 / 著

北方联合出版传媒(集团)股份有限公司

万卷出版有限责任公司

ⓒ 陈燕平 2022

图书在版编目（CIP）数据

以学为中心的初中英语教学研究 / 陈燕平著. — 沈
阳：万卷出版公司，2022.3
ISBN 978-7-5470-5917-3

Ⅰ．①以… Ⅱ．①陈… Ⅲ．①英语课—教学研究—初
中 Ⅳ．①G633.412

中国版本图书馆CIP数据核字（2022）第006112号

出版发行：北方联合出版传媒（集团）股份有限公司
　　　　　万卷出版有限责任公司
　　　　　（地址：沈阳市和平区十一纬路29号　邮编：110003）
印 刷 者：北京政采印刷服务有限公司
经 销 者：全国新华书店
幅面尺寸：170mm×240mm
字　　数：288千字
印　　张：16
出版时间：2022年3月第1版
印刷时间：2022年3月第1次印刷
责任编辑：张　莹
责任校对：尹葆华
装帧设计：言之凿
ISBN 978-7-5470-5917-3
定　　价：58.00元
联系电话：024-23284090
传　　真：024-23284448

前　言
FOREWORD

　　英语作为一门基本学科，具有很强的实践性，它能有效优化学生大脑的深层语言结构，培养学生的创新创造能力，提高学生的语言水平。在实际的教学过程中，教师在不断探索提高学生各方面能力的有效途径。随着社会信息化的加快，知识的增长速度和更新速度也不断加快。因此，未来的人类对于知识的学习不能局限于课堂和教材，必须有独立思考的创造思维能力。作为教师，也不能局限于课本上的内容，要不断激发学生各方面的潜力，提高学生的认知水平和能力。对于英语教学模式也有很多探索，教学模式不仅要吸引学生的注意力，还要激发学生主动探索、学习。

　　初中的英语教学及其设计、实施需要全面、综合、立体地加以考虑，在课堂教学和助推学生有效学习的过程中实现知识与技能的同生共长，相辅相成，以英语及其相关知识的学习为基础，促进技能的掌握，并进一步转化为英语综合能力和相关素养的发展和提高。这对基础教育阶段的英语教师提出了全方位的专业要求，即确立新的学生观，探索并丰富新型课堂教学模式，建立新型良好师生关系，激发和维持学生学习英语的浓厚兴趣，培养和维护学生的学习积极性、自信心以及良好的学习心理素质。

　　在教学中，学生是学习的主人，学生的创新精神需要教师的培养和点拨。课改春风吹遍祖国大地，教育界对新课程的理解也越来越深刻，作为基础教育的初中英语，其教学也面临新的挑战，非常值得我们审视，并进行深入的探索。

目 录
CONTENTS

第十章　情景教学在农村初中英语课堂中的应用

第十一章　任务型教学在农村初中英语课堂中的应用

1

第 一 章

初中英语教学导论

第一节　初中英语教学策略

一、兴趣是学好英语的前提

古人云：知之者，不如好之者；好之者，不如乐之者。让学生把学习作为兴趣才能够真正使他们自发地获取知识。相比于学生的天赋和学习技能，兴趣更能够激发学生自主学习，从而成为将英语学好的前提。只有先热爱所做的东西，才能够得到所热爱的东西，这是亘古不变的真理。初中的学生心智还处于正在发展的阶段，要培养学生对英语的浓厚兴趣，才能使他们更好地掌握英语这门交际技能。让学生感受成功的乐趣是培养学生兴趣的有效策略。心理学家指出：人一旦品尝到了成功带来的喜悦，便会引起这个人心中追求和渴望成功的无限力量。因此，教师要多观察学生的心理状况和学习行为，在教学过程中采取科学合理的教育方法不断激发出学生的潜能，让学生快乐学习、自主学习、有效学习，培养学生对英语的浓厚兴趣，提高教学质量和学生的英语水平。此外，教师也要充分把握学生渴望成功的心理，在教学过程中让学生体验成功，形式有回答问题、组织活动、完成对话等，从而使学生在感受成功的过程中，不断产生正面能量，形成一种良性循环。

二、模仿是学好英语的途径

附着现代科学技术的迅速发展，计算机技术也越来越普及，逐渐成为课堂教育的必需品。通过合理地运用相关多媒体技术，让学生对学习材料进行模仿，能够刺激学生的感官，让学生真切地感受到声音和图像，更深刻地理解课文内容，寓教于乐，培养学生对英语的兴趣和语感。

三、氛围是学好英语的保障

许多人都问过英语母语者这样的问题： "What's the best way of learning English?" 得到的回答是： "Go to the United States or marry an American or watch American movies." 这个回答虽有些许荒诞，但不无道理。中国人常说： "秀才不出门，尽知天下事。" 观看完整的一部美国电影，也相当于在美国度过了一天。由此可见，语言的学习离不开真实的语言环境。然而，在我国的英语教学中，学生们很难接触到真实的英语环境，这种局限于课堂的英语教学对学生的英语水平造成了严重的影响，出现了 "中式英语" "哑巴英语" 等一系列英语现象。因此，学生要充分利用好每一次口语训练的时间，抓住每一个可以锻炼口语的机会，教师也不能因为教学任务紧张而不开展口语练习相关活动。在实际教学过程中，教师要充分利用相关设施和技术，组织相关口语角等课堂活动，为学生创设一个接近真实的语言环境，通过对话、节目、游戏等方式让学生身临其境，在活动的过程中不知不觉地提高英语口语水平。

第二节　初中英语教学策略与有效教学

一、初中英语有效教学的内涵

对初中英语有效教学内涵的理解是建立在初中英语教学目标、初中英语课堂教学过程的特点以及初中学生的学习特点上的。

初中英语的教学目标是：培养学生对英语的浓厚兴趣，激发学生学习英语的积极性，帮助学生养成良好的学习习惯，形成高效的学习策略，培养学生自主学习的能力和与其他学生团结协作的意识；使学生掌握一定的英语基础知识和听、说、读、写技能，形成一定的综合语言运用能力；培养学生的观察、记忆、思维、想象能力和创新精神；帮助学生了解中西方文化的差异，拓宽视野，培养爱国主义精神，形成健康的人生观，为学生的终身学习和发展打下良好的基础。

初中英语教学的总体目标是培养学生的语言综合能力，而这一能力的形成是建立在学生的语言技能、语言知识、情感态度、学习策略和文化意识等素养整体发展的基础之上的。语言知识和语言技能是学生能够综合运用语言进行交际的基础；情感态度是学生成长过程中的重要影响因素；学习策略是学生为了达到学习效果而采取的一系列有效措施；文化意识则是学生正确运用语言的前提。这五个要素共同决定着学生的语言综合能力。

我们可以将初中毕业生应达到的具体的教学目标分解为：有明确的英语学习动机和兴趣；学习态度积极、自觉；能理解教师对相关话题的简单陈述；能参与相关日常话题的简单讨论并发表自己的看法；能读懂一年级学生阅读的简单读物，克服生词障碍，理解大意；能根据阅读目的，运用适当的阅读策略；

能根据提示，起草和修改小作文；能与他人合作，解决问题并报告结果，共同完成学习任务；能对自己的学习进行评价，总结学习方法；能利用多种教育资源进行学习，进一步增强对文化差异的理解与认识。

二、初中英语有效教学的相关策略

（一）运用合作学习促进学生英语学习

合作学习是指学生在教学相长的过程中，与小组或团队内的其他成员合作，完成共同的语言任务的学习模式，在这个过程中各成员都有明确的分工。

将合作与英语教学相结合，教师为主导，将任务分配给每一个学生，把控好教学的进程的学习模式即合作学习。教师可以将学生按照一定的标准或随机分成若干小组，给予不同的语言交际任务，让学生在完成任务的过程中运用英语进行交流，从而实现学生各方面语言技能的提高。

（二）在对话和情境中促进学生发展进步

相关研究表明，在课堂中进行适当有效的对话互动能够有效地提高学生的口语水平。学生在运用语言进行交际的过程中，逐渐形成完善的语言体系，最终掌握一定的语言技能。因此，一堂成功的英语课应该包含形式多样的语言情境，让学生在具体真实的语言环境中，通过对话的形式习得英语知识。

语言情境是指创设建立在语言知识点之上，有生动形象的故事情节的交流环境，如实物道具、肢体语言以及音视频等，通过真实的事物让学生身处特定的语言环境中，激发学生的情感经验，让学生快速掌握英语语言技能。

（三）通过任务型教学法培养语言技能

任务型教学法产生于20世纪80年代，是以多元智能理论为基础的一种教学方法，得到了充分发展和广泛应用。任务即学生要达到的目标。将任务教学法应用到英语教学中，可培养学生使用英语的能力。教师在设计任务时要遵循以下原则：①不能脱离实际的语言目标；②接近日常生活，有实际意义；③要包含信息的接收、处理、传递过程；④在完成任务的过程中使用该语言；⑤学生只能通过行为完成任务；⑥不能忽略成果展示。因此，教师在进行具体的教育任务设计时，要考虑诸多因素的影响，结合学生的个体情况分配不同的任务，使每个学生都能得到发展。在完成任务的过程中，能锻炼学生的思维能力、想象能力，培养学生的团结协作精神。

（四）运用教学评价策略促进学生的进步和发展

教学评价策略是指针对课堂过程中的教与学进行科学合理的评估和判断的策略，是评价英语教学策略的有效途径之一。它是贯穿整个教学过程的评价行为，并非孤立地在教学动作完成之后做出的评价。教学评价主要包括对教师教学和学生学习两个方面的评价。

对学生学习的评价是按照相关标准要求，对学习的学习成果进行价值上的判断，来判断学生学习完成的情况如何，是否完成了教学目标，完成的程度如何，是衡量教学过程是否成功的标准之一。英语新课程标准施行后，初中英语的教学体系中都加入了教学评价策略，用以检测教学活动是否达到了预期的教学目的。有关学生学习效果的评价，其标准多样、内容丰富。在具体的教学评价中，包括学生掌握的英语知识技能程度，学生的学习态度、情感态度以及合作精神等形成性评价，也包括终结性评价，将二者结合起来，并以其作为最终标准判断学生的发展程度。评价的主体也更加多元，包括教师的评价、学生自评、学生的互评，而不是以往单纯的教师评价。在这个过程中，学生不光是被评价者，也是参与者，这有效调动了学生的积极性，增强了学生的自信心，激发了学生的创造潜能，有效提高了学生的综合素质。

针对英语教师的评价，主要评价主体是学生。根据相关要求，学生需要根据真实体会对英语教师的教学行为做出判断，评价要具体明确，不能一概而论。根据初中英语有效教学的标准，初中英语教师有效教学行为的评价标准见表1-2-1。

表1-2-1　初中英语教师有效教学行为的评价标准

评价项目	序号	评价指标	各项目权重	项目得分
教师素质（15）	1	教态亲切大方，有感染力	5	
	2	能用英语组织教学，语言得体流畅，语音、语调节奏自然	5	
	3	教学基本功扎实，教学技能娴熟，课堂调控能力强	5	

续表

评价项目	序号	评价指标	各项目权重	项目得分
教学目标 （10）	4	教学目标明确，符合学生实际情况	5	
	5	情感技能目标合理，注重学生的兴趣培养	5	
教学设计 （18）	6	创造性地处理和使用教材	6	
	7	课堂教学容量和难度适合学生水平	6	
	8	注重语言运用，体现初中英语有效教学的内涵	6	
教学过程 （40）	9	师生相处融洽，课堂学习氛围浓厚	8	
	10	课堂活动内容丰富，形式多样，教学方法使用得当	8	
	11	课程安排合理，逻辑性强	8	
	12	突出学生的主体地位，发挥教师的指导作用，教与学活动比例合理	8	
	13	学生兴趣浓厚，思维活跃，敢于开口，乐于参与教学活动，并能用英语完成简单的任务	8	
教学效果 （12）	14	完成教学任务，达到预定教学目标	6	
	15	各层次学生均学有所得，教学实效高	6	
教学特色 （5）	16	教学的某一方面有独到之处	5	
简评			总分	

第三节　初中英语教学策略的体系

一、初中英语教学策略研究的方法

在对初中英语教学策略进行研究时，常采用以下几种方法。

（一）文献法

阅读国内外相关研究的文献资料，包括课堂教学、英语教学目标及相关理论等方面，了解已经取得的研究成果和最新的研究动态。在前人研究的基础上，形成本文研究课题的大致理论体系，并针对已有研究存在的一些问题和不足，提出一些新的见解。

（二）访谈法

与初中英语教师进行深入访谈，内容包括英语教师在教学过程中对教学目标内涵的理解，设计教学目标的过程，发现存在的问题和不足，并对这些问题进行归纳分析。

（三）观察法

深入一线教学课堂，在真实的课堂情境中获得一手资料，了解初中英语教学的实际情况，并深入分析不同的目标设计对教学成效造成的影响。

（四）案例法

将按照相应原则设计教学案例应用到真实的课堂实践中，对其课堂效果进行总结和分析。

教学策略是在教学中通过考察不同的教学情况，结合自身已有的经验而采取的各种教学方法，不同的教学策略会产生不同的教学效果。因此，要确保每种教学策略都能达到预期的教学效果，需要制定出统一的基本理论作为设计教学目标的参与依据，形成高效的教学目标设计体系。

二、初中英语教学策略的设计原则

（一）以学生已有的知识体系为基础

美国著名认知教育心理学家奥苏贝尔提出了"有意义接受学习"理论。该理论认为，将学习的新知识纳入已有的知识结构，能够有效促进已有知识的改组和新学知识的掌握，是一种新旧知识相互影响的学习模式，其影响因素之一是学习者已经掌握的知识如何。"有意义接受学习"理论也给课堂教学目标设计一些启示。教师在设计教学目标、选取教学策略时，要充分了解学生的学习情况如何，已经掌握了什么内容，主要包括已有的认知体系和水平、学习需求以及学习策略等方面，对于一些与即将学习的新知识所涉及的知识和经验有关的内容，教师要给予更多的关注，是教师在进行目标设计和策略选取等方面需要重要考虑的内容。

（二）引导学生建立完整的认知体系

教师在设计课堂教学的过程中，要积极引导学生构建起属于自己的独特的知识体系，主要包括两个方面。一方面，将即将学习的知识和技能作为教学重点，通过学习英语学科的相关基本概念和相关理论基础，来对学科的基本体系有基本的了解。另一方面，教师要充分认识到学生是一个不断发展的个体，其知识结构、认知水平都会随着学习不断提高，教师应该在设计实施教学策略的过程中，不断加深对学科基本结构的讲解，保证学科知识的逻辑性，加强不同知识点之间的内在联系，合理安排知识点在课堂教学中的位置和时间，始终以学科的知识体系为核心，有计划、有逻辑地安排相应的教学内容，设计科学合理的教学先后顺序，逐渐加深学科体系在学生心中的印象，培养学生形成独立完善的学科知识结构和体系，帮助学生高效地习得语言知识和技能。

（三）科学预设课堂情境

学生通过与其他个体不断进行交流互动来掌握知识。因此，学生的学习过程并非单纯的知识输入，也需要输出。学生需要在已有知识结构的基础上，在教师的帮助下不断进行沟通、切磋，对新的知识不断整合和建构，逐渐形成自己的语言体系，实现有效输出。因此，在课堂教学过程中，学生会产生何种的疑问和质疑都是教师可以提前预测到的。通过合理的预设，教师可以更好地吸引学生注意，激发学生参与到不同的课堂活动中，提高语言水平。

（四）促进一般发展

美国著名教育家赞可夫提出了"一般发展"理论。一般发展理论认为，学生要实现整体的个性发展，不能局限于智力方面的发展，还要注重学习意志、性格和情感方面的发展。按照一般发展理论，教师在进行教学策略设计时，要将学生的整体发展作为首要任务，而不是单纯地发展智力，传授知识。一方面，发展学生的智力即日常生活和发展必需的观察、思维、想象等能力固然重要，但学生的性格、品质、情感等非智力因素的培养也极其重要。另一方面，教学策略针对的大多是学生群体而非个别，因此在设计时要考虑到学生的整体水平，要符合学生群体的综合特点，同时具有层次性，从而符合不同学生的发展需求，形成对应的教学目标。

（五）以学生为中心进行全面的教育

在进行课堂策略的设计时，教师要始终"以学生为中心"，同时注重促进学生的全面发展。主要包括三个方面：其一，学生是整个课堂教学过程中的主体，教师要充分考虑学生的需求、兴趣及学习动机等多方面因素；其二，采用"有意义接受学习"模式，让学生了解教师所采用的学习策略，通过学习达到相应的教学目标，有效提高教学质量；其三，教师在设计教学策略时，要充分考虑学生智力以及非智力因素的发展，包括态度、情感及价值观等方面的培养，促进学生形成健全的人格。设计教学策略要充分考虑到其深层意义，深度发掘课堂教学过程中所体现的教育价值。

三、初中英语教学策略的分类设计

（一）知识和能力

在确定学生学习的知识目标时，要以教学的内容和学生的真实需求为基础。一方面，要对教学内容进行深入细致全面的分析，从中提取相关的知识点。要正确把握教学内容，以此作为目标设计的基本参照。教师要将新课标要求与教材中的相关提示相结合起来，选取教学重点和难点，循序渐进地展开教学。另一方面，教师要深入了解学生的现有水平、个人情况、学习特点等，站在学生的角度安排合理的教学内容。其一，教师利用有限的时间将知识最大限度、最大用处地传授给学生。新课标要求学生要加强基础知识的学习，因此教师应该加强基础、典型的知识点的讲解。其二，教师要合理地确定教学重点和难点，依据教学重点展开教学，满足学生的不同学习需求。同时要根据课程大纲要求，给学生讲解相关单词、语法、句型和文化相关知识，结合不同学生的特点，满足学生的个性发展。其三，由于英语知识体系庞大繁杂，如果学生头脑里没有形成完善的知识体系，很难将英语学好。因此，教师在设计教学内容时要充分引导学生建立起完备的英语知识结构和体系，帮助学生加深对英语知识的理解和掌握。

（二）过程与方法

新课程标准提出了一个全新的目标，即过程与方法。由于以往的教学模式，许多教师并未接触过过程与方法，在实际的教学过程中也很难将其实现。这一目标也没有得到广大教师的重视，从而产生了一系列问题。

第一，只有正确理解过程与方法的含义，才能设计出合理的目标。"过程与方法"主要指学生在学习的过程中所得到的一系列体验和感悟等，也规定了学生完成相关语言任务的新方法。

第二，在对教学内容进行合理的分析，确定教学目标后，教师还要根据确定的目标设计与之匹配的教学步骤和方法。例如，如果认识并记忆名词是此节课程的知识目标，那过程与方法的目标就可以是学生自己对名词进行简单的归纳、整理和分类；如果学习目标是能够正确地使用名词进行较为流畅的表达，相应的过程与方法目标可以是让学生通过参与相关活动，能够正确说出五个左右与名词相关的句子。

第三，在设计过程与方法目标的过程中，除了要以知识和技能目标为依据外，还要充分考虑到学生的个体情况，满足学生的各种需求。同时，要结合学校的教学环境、教学设施以及经济能力等情况，设计出符合实际、具有一定可行性的过程与方法目标。

（三）情感、态度、价值

情感、态度和价值是教学目标中的重要内容。对学生而言，英语这一基本学科能够以其独特的方式对学生的情感、态度和价值产生深远的影响。要培养学生的情感、态度和价值观，需要不断发挥教学过程当中所蕴含的文化内涵、价值观念，合理设计教学过程，确定好切入点，以促进学生全面发展。

第一，大部分课本当中都包含着一定的情感、态度和价值因素，但并不是学生直观可见的，没有充分表现出来，学生需要在教师的帮助下去体会。因此，教育在设计教育策略时要充分考虑学生的情感因素，通过与之相关的教学内容触碰到学生的内心世界，培养学生形成正确的行为习惯和道德伦理观念。

第二，初中阶段的学生已经形成一定的意识和思维。如果一味对学生进行说教，很有可能会适得其反，让学生产生逆反心理。因此，在确定情感目标时，要结合学生的年龄特点和成长环境等因素，时刻了解学生的思想状态，尽可能地满足学生的精神需求，从而使学生更深层次地发现课本当中蕴含的情感、态度和价值观因素，让课本真正发挥其应有的作用。

第三，情感、态度、价值目标涉及学生的心理方面发展，因此教师在进行教学时要随机应变，灵活应对各种突发情况，为学生形成正确的价值观念提供良好的成长环境。

2

第 二 章

初中英语教学要素

第一节　初中英语教学要素构成

初中英语课堂教学中，教师、学生、教学内容、教学媒体等组成了初中英语教学的要素，这些要素相互作用、相互影响，共同决定了初中英语教学的效果。

教师作为教学活动的设计者、组织者、督导者、检测评估者、矫正优化者的作用也是决定教学效果的主要因素，在教学过程中，教师要扮演好各种角色，实现教学目的。

首先，在英语的教学过程中，课堂教学的总体设计是否合理，是决定教学效果的重要一环。在英语教学中，教师要以英语课程标准的要求为指针，以所使用的英语教材为依托，以学生的整体基础和学习状态为平台，以营造积极主动、愉悦和谐的课堂氛围为目标，对英语教学资源、教学方法、现实教学环境等进行创造性的整合。准确设置教学目标、重点与难点、教法与学法、练习与检测，科学分配教学时间，力图使实际教学过程进展顺利，成效显著。

其次，在英语教学中，课堂教学的组织尤为重要。为了充分发挥学生学习的自主性、合作意识和探究精神，教师要在课前根据学生的知识基础水平、性格特点、性别差异等特征对学生进行分组，并给各小组成员编号。在教学过程中视各组员的不同特长与劣势分配不同的合作与探究任务。在英语课堂教学中，教学活动体现为一系列交替进行的听、说、读、写技能的演练。教学过程的展开有创设情境，激发兴趣，即兴演示，问题的归纳提炼、探讨与反思，知识的强化巩固、迁移应用延伸等环节。教师要根据不同环节的特点积极营造活跃的气氛，找准教材内容与现实生活的切合点，努力使学生由知识的获取向能力的提高过渡，使学生的学习态度由被动接受向主动生成转换，使学生的情感体验由消极的强迫、忍耐、烦躁、痛苦向积极的自觉、自由、渴望、喜悦转变。引导学生对学习内容、学习过程与效果进行自觉的价值评判。

同时，在英语教学中，教师要自始至终对学生的学习状态予以监控、督促和疏导。新知识的学习是极具挑战性的，在疑难面前，学生不可避免地会产生畏惧、逃避、懈怠甚至放弃、叛逆心理，从而影响学习效果。这种情况就要求教师适时调节教学内容和难度及知识层次的梯度，使学生学得容易、顺利。教师要时刻注意自己的教学态度与情绪，对于学习吃力或精神懈怠的学生要有耐心，和颜悦色地点拨、开导、提醒、鼓励；对于善于思考、表现优秀、态度积极、心神专注的学生要及时表扬，适度拔高，充分利用他们对其他学生的启发作用、表率作用与带动作用；对于偶尔调皮、有对立情绪的学生要善言安抚，课后进行个别教育。切忌当堂发火，以粗暴的态度、憎恨的语气对学生进行嘲讽、指责、谩骂甚至惩罚。教师要努力做到教学态度和蔼亲切，语气平易温和、文明得体，有启发性和鼓舞性，从而使课堂气氛和谐融洽，教学过程顺利流畅，教学效果明显。

最后，在英语教学过程当中，教师要及时对教学过程进行回顾和反思，对达到教学目的的教学行为进行优化，对未达到目的的行为进行矫正，以利于改善与发展。教学设计只是一种基于以往经验的预想，现实教学总会出现这样那样预想不到的变数。因此，教学目标的达成每一次都存在着差别。在教学过程中，教师要保持清醒的头脑，始终关注每一环节的教学质量，有明确的评价意识。教师要从教学目标设定是否合适，教学环节是否完备，教学内容是否充实，教学过程进展是否顺利，是否围绕教学重点展开实际教学，难点是否突破，教学方法是否恰当，学生的反应与表现如何，是否充分体现了学习的自主性、合作性和探究性，各环节的时间分配是否合理，学生的整体态度是否积极、课堂气氛如何，还有哪些方面必须改善并且可以改善，下一堂课最需要注意什么诸方面进行评价与反思。

总之，在英语教学中，教师的作用也非常重要，新课标不是淡化教师的作用，而是提高了对教师教学能力的要求。因此，教师必须从高高的台阶上走下来，从滔滔不绝的讲解与灌输中脱出来，充分发挥自己设计教学、组织教学、督导与评估教学、矫正优化教学行为的综合功能，使教学活动更富活力与成效。

在整个教学过程中，学生是主体，教师要使学生能够在学习知识的过程中发挥出自己的各方面潜能。英语学习的首要任务是"学"而不是"教"。高效的语言教学过程是以遵循自然过程的规律为前提的，而不能违反自然过程规律；应该促进学生的发展而不是阻碍学生的发展；应该让教师和课本去适应学生的不同个体特征，而不是让学生被动地适应教师和课本上的内容。因此，在教学过程中，应该注重锻炼学生积极主动、自主思考的能力，通过交流互动的模式，让学生在自觉、讨论、交流中，培养自主意识，引导学生积极地去发现问题、提出问题、解决问题，不断提高学生的思维能力、分析能力和解决问题能力。

在教学效果评估方面，也需要结合各影响因素综合进行评估。不能单纯地浮于表面，只关注课堂进行得是否顺利，是否生动形象，还要关注学生的主体作用是否得到了充分的发挥，是否调动起了学生的积极性，是否引起了学生的兴趣，是否在一定程度上开发了学生的智力，是否真正提高了学生的语言水平。学生采用的学习方法、学习策略以及交际策略等一系列因素都应该作为参照的标准。教师的指导作用是相对于学生而言的，如果不将学生作为主体，教师的指导作用也不能得到发挥。然而在现实的课堂教学中，教师的角色依旧停留在传统的"课堂主宰"，教师决定了课堂的一切，采取"一刀切"的形式，机械地对学生进行单词、语法的讲解。教师成为"演员"，学生则是"观众"，这种填鸭式教学已经深入人心，成为一种固定的教学模式。学生的主体地位得不到凸显，一直处于被动接受的模式当中。这种教学模式无法激发出学生的潜力，其智力和各方面能力的塑造都受到了严重阻碍。大量实践表明，"教师主导"的课堂，学生的积极性不高，不愿意参加课堂活动，不愿与教师和同学进行沟通交流，在课堂上的活动仅限于记笔记、背书、回答问题等机械式学习。种种问题都严重影响着初中英语教学的效果。因此，及时转变原有的教学观念迫在眉睫。

课堂教学内容和教学目标及教学重难点的设定都应该从学生的已有知识水平出发，并以交际法语言教学为理论依据。

英语教师要采取多种教学方法，结合学生的个体特别，在教学过程中创设相应的真实情境，利用现代教育技术将各种情境真实、形象地展现给学生，将音频、视频等多种教学媒体与学生的感官相结合起来，通过调动学生的多种真实感觉，让学生参与到教学活动当中，激发学生的主动性和积极性，充分发挥学生的主体作用。

英语教学的实质是交际，是师生之间、学生之间的交际，而不是简单的教与学。英语教学就是通过一系列的教学活动，培养学生运用英语进行交际的能力。在进行交际的过程中，教师与学生之间会互相产生影响，共同发展。学生对英语学科的各方面认识来自教师对教学规律的把握，而教师把握教学规律也需要学生对各种教学活动做出相应的反应。教学就是通过教师的教学行为，营造真实的交际氛围，采用合理的教学策略，促进学生交际技能的养成的过程。

英语是一门语言，也是一门学科，还是一种交际的工具。作为初中的英语教师，应该按照新课程标准的相关要求，结合学科的特性，选择合理的教育手段、方法和工具，科学地设计教学过程，将各种教学资源有机结合，充分调动学生的积极性，大力发展英语教学改革，全面提升学生的英语水平、智力水平和思维能力。

随着网络的快速发展，多媒体也被广泛运用于课堂教学，逐渐成为课堂教学不可或缺的教学工具。在教学过程中，适当地使用多媒体进行教学，是现代技术发展的必然结果，能在一定程度上促进英语新课程改革的发展，为素质教育提供技术支撑。在信息技术不断发展，提供更多机遇和资源的时代背景下，教师选用恰当的多媒体进行辅助教学，能够优化教学进程，改变原有的教学模式，调动学生的积极性，有效提高教学的质量和效率，有利于学生的全面发展。多媒体既可以是学习的对象，也可以是学生的有力工具；可以学习多媒体的使用，也可以在小组学习、团队学习中，将多媒体以工具的形式融入课堂，以促进学生学习，从而达到培养学生创新精神与实践能力的目标。在学生学习过程中，教师应该在培养学生健全的人格和挖掘其内在潜力方面下功夫，否则将不利于学生全面、和谐、健康发展。

21世纪以来，信息技术迅速发展，知识的获取也更加方便和快捷。原有多媒体技术应用中存在诸多误区，如：计算机一堂课"一用到底"；课件制作过分追求视觉形象，分散学生的注意力；师生交流不畅；课件制作简单，不能体现多媒体的优势。这些都忽视了学生信息技术的提高，制约了学生综合能力的发展。针对这一现状，巧妙运用现代信息技术，科学地开发和选择多媒体课件，精心设计富有乐趣的教学软件，既能以直观形象的方式呈现感性材料，激发学生的学习兴趣，又能以翔实的数据信息调动学生的学习动力，再加上现代信息技术形象化和多样化的特点，真正弥补了多媒体技术与传统教学模式有机结合的不足，唤起学生学习英语的意识，充分体现了多媒体辅助教学的优势，促进了学生信息素养的提高，达到英语教学目标和信息技术教育目标的有机结合。

英语教学的目标、内容、价值和教学方式都受到信息技术蓬勃发展的影响。在设计英语课程时，要充分与现代信息技术结合起来，同时不能忽略计算机对英语学习的内容和方式产生的影响。教学方式的改变，主要表现在不同于以往的"满堂灌"的教学方法，引导学生自主学习，在教学过程中不断探索。

在新课程的实践中，我们发现采用多媒体辅助教学手段，使行为、声音、颜色、动作等发生改变，将客观对象直观、生动地展现在学生面前，调动学生的知觉感官，让英语课堂变得生动、活泼。在课堂活动结束后，教师要及时对教学行为做出评价，密切关注学生学习的成效，也要关注学生学习的过程、英语水平、课堂表现以及在课堂表现中所展现出的情感、态度、价值观等，多方面地促进学生发展，培养学生的多种能力，使学生不断实现自我发展和进步。

21世纪的人注重创造能力。创造能力是教育要达到的目的之一，也是新时代对教育提出的新的要求。初中英语教学作为一种提高学生综合素质的课程，也要积极发挥其作用，提高学生的英语水平，培养学生的综合素质。英语教学的核心是要形成英语的思维能力，能够帮助学生掌握相关知识，进一步认识客观世界，同时表达自己内心的想法。初中阶段的学生正处于具象思维到抽象思维的过渡期，这个时期漫长而复杂，需要教师和学生共同努力去完成。

在课堂教学过程中，学生是学习活动的主体，同样是评价学习活动的主体。

培养学生的思维能力主要培养学生思维的创造性。思维的创造性是由开放的思考（思考的方向多种多样）与闭合思考（只导向某个一定方向的思考）两者组成的。英语课是特别适合的培养学生创造性思维的学科之一。在英语教学中，教师应在开发想象力和开放思考方面下功夫。

第二节　初中英语教学的目标与艺术特征

一、英语课程与教学研究课程的目标

（一）英语课程与教学研究课程的目标设置

英语课程与教学研究课程目标的设置决定着教学的内容，也决定着教学实施的过程。同时，内容与目标是相辅相成的，两者在一定条件下互为因果，有着很高的依存度。英语课程与教学研究课程设置的目标是多维的、多层次的。就课程的要素而言，课程的目标包含师生教育、教学和学习的动机、课程行为、课程手段和课程结果等。

英语课程与教学研究课程目标的设置首先是激发学生的学习动机，保持学生学习的兴趣。动机和兴趣既是课程教学和学习的动因，又是维持学习过程的动力。教师应从学生课程学习的意义和作用着手，激发学生的学习兴趣，培养学生的课程学习热情和主动性。英语课程与教学课程目标的导向功能是指在课程教学过程中规定、组织和协调师生的行为。此外，教学研究课程和英语课程一样，都能起到一定的标准作用。例如，课程目标是检查课程和评估课程的衡量标准。课程评价的标准即课程目标。课程目标体系是针对学生的学习效果和取得的成就进行科学评估的标准体系，而课程设置的根本目标是对于课程相关行为进行测量和评估的标准体系。

（二）英语课程与教学研究课程设置目标的缘由

英语课程与教学研究课程设置有明确的目标来源。我们所设置的目标主要来源于三个方面：一是英语教师的实践研究；二是课程专家的目标设置理论和建议；三是对英语课程与教学知识结构的系统研究。

1. 英语教师的实践研究

英语课程与教学研究课程教学的对象是初中外语教师，他们有着初中英语教学的经历和背景，有着丰富的一线英语教学经验。首先，他们的教学和教学研究经验是该课程教学与研究的基础，他们的教学理念和教学智慧是该课程教学与研究的立足点。其次，研究英语教师的成长有利于了解英语教师职业发展的基本规律。再次，对该课程教学而言，理论学习过程也是初中英语教学实践反思和教育智慧提炼的过程，即初中外语教师积极参与和主动探究的过程。离开了他们的参与和探究，理论学习便成为空洞的说教。他们的参与将使课堂教学变得更加丰富多彩。教师作为学员，既是该课程教学的对象，也是该课程研究的伙伴。正因如此，他们的实践成为教学目标的来源。

2. 课程专家的目标设置理论和建议

任何课程目标的设置和实施与科目专家理论上的建议是不可分离的。科目专家最了解自己的领域，因而他们能够根据这门学科的内容和训练方法等，指出该学科能对学生有哪些贡献。我们从理论文献和专家的直接建议中得到许多启示。这些建议的目标不仅涉及该学科课程的基本知识结构，涉及学生必须掌握的基本技能和习惯，涉及学科的基本思想和理论体系，还涉及基本思维方式和研究理念。该学科科目专家所建议的目标的重要性是显而易见的。因此，科目专家的建议成为课程目标的来源便不难理解。

3. 对英语课程与教学知识结构的系统研究

英语课程与教学研究课程的教学目标在一定程度上源自其知识结构的系统研究。知识的演进和研究是永无止境的，研究和探究是知识生成的基本途径，也是知识生成的基本属性。随着英语教师教育研究和初中外语学科研究的不断深入以及英语学教师教育课程的不断完善，英语课程与教学研究逐步趋向合理，其知识结构更加系统，学科和课程内容更加丰富。这使学科学习的系统性更强、目的性更明确。因此，英语课程与教学研究课程本身知识结构的系统研究为其目标产生的来源和根据便不证自明。

（三）英语课程与学科教学研究的三个目标层次

1. 知识性目标

英语课程教学的存在和发展离不开完整的知识体系。英语课程和教学的相关研究也不能脱离课程教学知识而存在，二者缺一不可。首先，英语课程与学科相关领域的学者必须具备一定的与课程和学科的相关理论知识，才能对自身的教学行为进行评估和反思。只有通过理论知识的学习，才能不断积累和培养教学反思的经验和能力；其次，初中英语教师都具备一定的教学经验和教学能力，实践证明，教学或教育理论知识的贫乏是教师职业发展的瓶颈。因此，夯实他们的理论知识基础对于初中英语教师的自身发展是十分必要的；另外，英语教师教学研究水平的高低直接与其教学理论知识和语言学理论知识的基础有关。

就知识本身性质而言，它不是感性直观的本身，而是抽象和理性。知识是人的产物；反过来，知识又塑造人，诱发人的更多需求。从这一角度来看，知识是构成学科的基础，也是学习的条件。于是，知识作为英语课程与教学研究的目标便自然而然。其基本目标和要求如下：

第一，研究英语主要教学流派的基本学术主张和思想内涵、历史渊源，教学流派产生的条件和环境，并从中探索英语教学发展的基本趋向；第二，研究英语教材的基本性、基础性和系统性的意义，提高教学设计水平；第三，理解英语教学模式的理论和实践基础以及模式运作的基本属性；第四，了解基础知识、基本技能和多媒体在英语教学中的作用，把握英语基本知识和技能教学的基本规律以及多媒体应用的操作程序；第五，研究英语新课程标准的精神实质，把握英语教学的政策取向；第六，夯实理论知识基础，研究教学案例，使英语教学研究与提高教学效率相得益彰。

2. 教学技能和能力目标

对教师而言，教学既是一种知识体系，又是一种技能体系。初中英语教学也是一样。它作为技能体系，既有动作技能的一面，也有心智技能的一面。新课程背景下的教学观念认为，教学是一门科学，是一门技术，更是一门艺术。作为一门科学，教学有着自己遵循的客观规律；作为一门技术，教学可能通过学习和培训来完成；而教学艺术是建立在教学的科学价值和技术价值之上的，是教学发展的最高境界。教学具有三重性，即科学性、技术性和艺术性，教学技能同样具有三重性，它们三位一体，相互依存，相互促进。

英语教学技能是教师在进行教学时所掌握的能够有效提高学生认知水平的

技能之一。英语教师通过教学技能，运用专业相关知识和理论，按照相关原理和准则科学地进行教学设计，结合教学工具和多媒体，编写相关的教学软件和课件，并开展教学研究活动和课堂活动，不断促进学生英语水平的发展。教学技能是一种有效的教学方式，它的表现形式多样，可以是一种活动进行方式也可以是心智方面的活动方式。笔者从英语教学技能的概念和定义中提出了英语教学技能研究的要求和目标：

第一，理解英语教学技能形成和发展的动因、过程和可能的结果；第二，了解英语教学技能生成的理论和实践根据，熟练掌握常用的英语教学技能；第三，研究不同时空、不同教学对象、不同教学载体的情况下，英语教学技能的灵活性和有效性；第四，研究英语教学技能的类别和范畴以及教学技能与教学各要素之间的相关性。

3. 教师智慧目标

教师智慧是指在教学过程中教师已有的文化体验、生活阅历以及智力水平等综合能力对教学过程产生的积极影响。教师智慧主要包括教学机制、知识、态度、责任感、爱心等多个方面。其在英语课堂中的表现即英语教师的教学智慧。英语教师教学智慧主要表现在以下三个方面：学生智慧的启发；课堂突发情况的处理；课堂组织。

英语教师智慧表现的另一个维度是教师"学"的智慧。"学"的智慧主要是英语教师在教学中不断学习、提升自我而形成的。教然后知困，学然后知不足。学是教师智慧的主要来源，也是教师智慧生成和提炼的主要途径。

（1）理解初中外语教材的本质属性和理论基础。

学会把握教材的重点和难点，灵活取舍教材，使教材的使用与学生的实际和教师本人的教学水平或风格有机结合在一起。

（2）重视理论和实践知识的积累。

知识是英语教师教学智慧养成的基础。对于英语教师而言，除了需要掌握学科专业知识之外，还要掌握相关学科的知识。不断地思考英语教学中出现的问题，提高发现问题、解决问题的意识水平，挖掘英语教学的意义。

（3）挖掘课堂生活中的教师教育素材。

英语教学智慧常常来自对课堂和生活的深刻理解。热爱生活、热爱课堂、热爱学生、热爱教学和教育是英语教师教学智慧的源泉。

（4）学会使用教学案例的智慧。

案例是教师在英语课堂教学中遇到的问题或例子，也是英语教学经验的总结。分享教学案例、分析教学案例、使用优秀教学案例对于英语教师教学智慧的提炼十分重要。

二、初中英语教学目标的设计理念

制定一堂英语课的教学目标，应该从以下几个方面考虑。

（一）理念

教学目标的制定方向主要由教师所认同的教学理念来决定。制定教学目标的前提条件是教师要形成正确的教学观念，可以通过学习教育理论和新课程标准来实现。在设计教学目标时，遵循的主要原则有三点。

其一，对教材灵活把控，将教学内容整合成高效的知识点，让教材更好地为教学过程服务。在对教材进行整合时，要充分考虑课时的限制，遵循由易到难、循序渐进的基本原则，确保教学内容全面、完整。其二，注重基础知识和技能的培养操练。在激发学生学习兴趣的前提下，也要注重培养学生的自主学习能力和创新能力，引导学生采取正确高效的学习策略，"学"与"法"相结合，让学生会学习，掌握学习英语的科学方法和策略。其三，以学生为中心，全面发展学生的个人价值，注重教师和学生之间心灵上的交流沟通，让学生在学习过程中愿意展现自己，充分发现和挖掘学生的潜能。除了传授知识，教师更要教给学生做人的道理，培养学生能力和智力双向发展，通过此种教学方式促进教师和学生共同发展进步。

（二）课文

文章被编入教材后，被赋予了生命，不再是独立地存在，而是和其他课文一起组成了整个教材。因此，教师在教学中要向学生明确课文在教材中的地位和价值，结合知识的连贯性和整体性，对学生有层次地进行输入。

（三）教材

教师在备课时，首先要对教材进行细致的分析，从而对整本教材规律有大致的了解和把握，有针对性地设定教学目标。应以旧引新，在新授内容中巩固旧知，最后达到综合运用语言的能力。

（四）学情

制定教学目标，还有一个重要的维度，那就是学情。教师要对每一名学生的情况进行详细的了解，包括学生的起点、现有水平、学习目标等。学生已经掌握了什么，学生需要学什么，教师要教授什么等问题，都要事先了解清楚。

（五）具体目标的制定

教学目标主要分为语言的知识目标、技能目标、情感目标三个维度，三者相互融合。教学目标以促进学生全面发展为前提，与学生的生活息息相关。素质教育的重点内容之一就是有目标性地进行教学，这对教师也提出了新的要求。教师在进行目标设定时，必须提前对教学内容有全面的了解，按照课程标准，采取分层教学的模式，对学生因材施教、寓教于乐，从而达到教学目标。

三、初中英语课程的特性

（一）工具性和人文性

1. 工具性

语言是人类的交际工具、思维工具，也是人类传递信息、交流思想的工具，这是语言的基本功能。从功能的角度定义语言，更能突出其实用性，符合人类追求利益的本能。若从工具的角度去定义语言，只将语言当成一种简单的交流工具，是对语言的不公，也是不恭敬，从某种程度上，是对语言的一种践踏。

2. 人文性

要把英语的人文性把握准确，必须分清楚人文和人文性这两个专业术语的含义。人文指人的文化，其主体是"人"，强调对人的关心和尊重。人文性则包括人与社会环境内其他要素之间的关系，包括道德、文化、价值、情感、态度等方面。语言作为文化传播的载体，是文化的重要组成部分。各民族的语言之中蕴含着丰富的文化内涵和价值观念。因此，语言负载的内容有丰富的人文性。

3. 工具性与人文性的统一

著名心理学家维戈茨基提出了社会文化理论，该理论认为，语言是一种社会现象，能够有效维持人与社会的相互关系。语言是交际的工具，也是人类思维的工具，其功能具有双重性，使人的思维和交际通过语言的存在而融为一体。

英语教育作为教育的分支，不光要以培养学生的语言水平和思考能力为根本宗旨，还要注重通过英语教学让学生获得用英语表达思想和感情的能力。

传统的语言理论观点认为，语言最根本的功能是交际。但随着时代的变迁，我们对于语言的功能认识逐渐加深。语言除了可以用来交际，更重要的是可以发展人类的认知水平。20世纪40年代以来，认知科学产生并不断发展，出现了认知心理学和认知语言学等多种新兴的理论，语言的认知功能也逐渐凸显出来，在各学科的教育中，语言的认知功能也受到了高度重视。

从英语教学的实际目标来看，我国关于学生的英语学习目标，在设定上并不符合我国学生的实际情况，也不符合我国社会发展的真正需要。目标要求，学生能够准确而得体地使用语言。但在学习的过程中，这个目标往往是很难实现的。对于大部分英语学习者而言，这个目标太过宽泛，让学生望而却步，甚至会产生放弃英语学习的想法。

（二）综合性

英语课程和教育学、心理学、哲学、语言学、应用语言学、语料库语言学、社会学、二语习得以及文化等很多学科有着紧密的联系，英语课程从这些学科中汲取理论养分。英语课程中的教学方法的语言理论基础来自语言学，学习理论通常来自心理学，英语学习理论来自社会学或教育学，研究方法来自人类学、人种志学等。

语言教学是在教育环境中发生的，如大学、中学、成人补习班等。因此，教育的理念也应用于语言教学中，就像它应用于其他学科的教学一样。

应用语言学即语言在实际教学过程中的应用，其中也包括了英语的教学。教育学、语言学、心理学、文艺学、社会学等理论都是应用语言学的理论基础。因而，这些学科也是英语教学的支撑。

英语课程中的大纲、教学方法、教材设计与编写随着这些相邻学科的发展而产生变化。语料库成为一种新型的课程资源，教师可以利用口语语料库或笔语语料库进行语言辅助教学。课程设计者和教材编写者可以根据语料库呈现的词汇出现频率来确定哪些词汇属于高频词，这些就是大纲或教材中应该呈现的词汇。语料库也是一种新的教学方式，教师可以设计相关的练习让学生根据语料库中的语境来发现或探索词汇在语境中的意义或者区分同义词等。

（三）实践性

初中英语课程具有一定的实践性，这主要是由于英语是一种语言工具而体现出来的。英语课程的主要目标是让学生学会用英语进行基本的沟通交流。英语交际能力的形成要靠学生进行互动，在语言交际活动中学习交际及培养交际能力。另外，语言课在很大程度上是技能课，英语课程承载着培养学生的听、说、读、写技能的任务，这些技能的培养要在实践中进行。要在听、说、读、写活动中培养学生相应的技能，而仅仅依靠教师对听、说、读、写知识的讲授是远远不够的。

四、初中英语教学艺术的实质与特征

（一）教学具有艺术的内涵

艺术内涵一是指"技艺""技能"。一方面，"技艺"指极具创造力的方式方法，达到一定的程度后便可以称为艺术。当创造出的事物给作者及观众都带来了一定价值的时候，艺术的价值就得到了体现，如沟通的艺术、管理的艺术以及写作的艺术等。另一方面，艺术内涵也包括艺术家们的思想形态，艺术家通过语言、线条、动作、色彩等方式创造出能够反映社会现象的作品，来表达自己的思想和价值观念。

（二）教学艺术的内涵

1. 技巧性

教学艺术的本质就是教学过程中所使用的技能、技巧和方法，教学艺术的目的就是要让教师掌握这些技巧、方法。

2. 审美性

教学艺术的内涵主要是审美，即现代教学的艺术主要是指按照美学相关原理而进行的创新型教学模式。

3. 表演性

教学艺术是一种具有表演特点的艺术，教师是"演员"，学生是"观众"。

4. 激励性

教学艺术的本质在于激励，唤醒师生内心深处的教学需求，鼓舞教学双方进行创新性教学。

5. 乐学性

教学艺术主要是要让学生在快乐中学习，让学生学会学习的方法。

6. 创造性

教学艺术重视创新创造，鼓励教师在教学过程中大胆尝试，大胆创作。

7. 规律与个性的统一

教学艺术的本质在于，以遵循教学的基本规律为前提，同时也要符合学生的个性特点。

8. 科学与艺术的统一

教学艺术要以科学教学为根本，同时又要合乎艺术的特点，教学艺术具有科学性和艺术性，并且要达到二者的统一。

（三）英语的教学艺术特点

1. 科学

英语学科的教学具有科学性，它符合教学基本理论。教师对于教育学、语言学、心理学、美学、哲学等相关学科是否了解，直接决定了英语教学的艺术效果。作为英语教师，自身必须掌握相关的科学知识，熟练掌握英语的知识体系和结构，通过开展各种有意义的教学活动引导学生建立完整的英语认知结构，不断提高学生的英语水平。

2. 实践

英语教学具有实践性。英语教学艺术离不开真实的课堂实践。备课可以让教师提前预设好各种情形，对教学过程做整体把控；授课的过程是教师的实践过程，在实践教学中不断积累经验，探索教学艺术的规律，促进教师和学生的共同发展。

3. 独创

英语教学艺术具有独创性。教学艺术的特点之一就是创新。艺术来源于创造，英语教学艺术也是如此，离不开创新探索。教师需要在教学过程中大胆创新，调动学生的兴趣和积极性，以独特的艺术魅力吸引学生进行学习。我国长期以来的"应试教育"严重阻碍了英语教学的发展，传统课堂上的"一刀切""填鸭式教学""满堂灌"等方式既不利于学生学习，也妨碍了教学艺术的创新，在一定程度上破坏了教学的多元化和个性化，课堂上局限于机械地讲解，不注重学生听说读写技能的培养，对教师和学生的发展都造成了严重的不良影响。

4. 审美

英语教学艺术是遵循美学规律的，它是指教师能够灵活熟练地使用各种教学方法和技能。因此，教学艺术也具有审美性。教师有组织、有意识地按照美学相关原则进行课堂创造，以独特的艺术魅力带给学生独特的体验，这正是教学艺术所要达到的目标之一。

英语教学不光要传递语言知识和语言技能，也要注重文化和道德的培养。学生在学习英语的过程中，不断习得新的文化、思想、道德相关知识体系，也能形成一定的审美能力。因此，教师在教学过程中展现出的各种美，包括仪表、板书、语言、结构、节奏等方面，对学生言传身教，不断展现出英语教学独特的艺术魅力。

第三节　初中英语教师的特点

在课程改革的潮流中，实践英语的课堂教学是重要内容之一，教师必须逐渐转变旧有的传统教学模式，让自己的课堂精彩纷呈，赢得学生的喜爱，让新课改的精髓在课堂中焕发光彩。

大多数教师都知道课堂的生成、三维目标等概念，但一般对这些概念和教学方法的认识不够系统、不够深入，因此，也会具有一定传统的教学思维。鉴于此，就需要初中英语教师针对新课改的要求，对英语课堂教学有系统、全新的认识，这对于以后的教学将会有很大的帮助。

一、学生的全面发展是英语课程的出发点和落脚点

在实际教学过程中，教育在设计教学时要充分考虑学生的个体差异，结合语言教学的客观规律，尽可能地满足不同层次和类型的学生的需求，让每个学生的英语水平和身心健康都能得到提高。在教学中，初中英语教师设计教学时要考虑做到以下几点：

允许学生犯错误，包容学生在课堂中出现的错误，鼓励学生积极用英语回答问题；多设计课堂任务，为学生提供各种用英语进行交流的机会和情境，培养学生自主和合作的能力；鼓励学生不断创新，在实践过程中提高学生英语各项语言技能；创设相应的情境，培养学生发现问题、提出问题和解决问题的能力。

二、创设情境，培养学生的创新思维

21世纪的人才培养要注重综合素质的教育，学生不仅要掌握科学理论知识，更要培养相关的能力，掌握一定的学习方法。在课堂教学过程中，要以学

生为主体，教师充当引导者的角色，注重培养学生自主学习和独立思考的能力，引导学生形成科学的知识体系，采取有效的学习策略，掌握合理的学习方法，也可以鼓励学生发散自己的思维，进行相关创作。在完成这些任务的过程中，学生不断地通过独立思考解决问题，创新创造能力也得到了锻炼和提高。

三、以培养学生综合语言运用能力为目的，倡导合作学习

现代社会的发展要求社会中的每个成员必须学会与他人合作，合作意识和能力是现代人所应具有的基本素质。英语的学习也是通过习得语言来实现的，学生在习得一种语言时需要通过特定的情境和任务，采取沟通交流的方式来完成，以不断提高语言水平。在设计教学过程中，教师要注重培养学生的合作能力。新课程标准指出，学生要在学习过程中不断获得与他人团结协作的能力。教师可以将学生按照一定标准或者随机分成小组，每个人都分配相应的任务，并为达到共同的语言目标而努力。在竞争的过程中，可以培养学生的集体荣誉感，使学生学会团结协作，也学会语言知识。在一些活动中，有的学生为小组活动出谋划策，可能会起到至关重要的作用，使其自信心和责任心都得到了增强。

四、引导学生采取正确的学习策略

教师在实际的教学过程中，应该做到以下几个方面：

创造相应的情境，让学生在接近真实的语言环境中使用有效的学习策略和方法；帮助学生通过推测、归纳、询问等方式进行英语学习；设计相应的课堂活动，让学生在活动中不断形成一定的实践能力和创新能力；引导学生进行自我评估，并及时调整学习策略。

五、注重文化知识的讲解

初中英语教师也应该做到以下几点。

（一）不断提高教师自身的文化修养

文化知识从广义上来说，内容丰富，包括政治、经济、道德、地理、艺

术、风俗、历史等多个方面；狭义上的文化主要是以语言为载体的。初中英语教师必须通过不断学习，增强自身的文化素质，在教学过程中潜移默化地将这些知识传授给学生。

（二）在相应的教学环境中插入文化教学

现行的英语课程教学标准并未要求学生掌握相关的文化知识。因此，教师在教学过程中只能在涉及相关文化的教学环节中，花一些时间向学生讲解相关内容背后的文化知识，适当对其进行拓展，丰富学生的视野和见识。

（三）比较文化差异

在英语教学过程中，中西方文化的不同也是教学的重点内容之一。对于初学者来说，倾向采取汉语和英语互译的方法进行学习。教师在教学过程中，不光要向学生讲授西方文化，更要引导学生对中西方文化进行差异的比较，让学生了解西方的行为文化和思维方式，更好地掌握英语。

六、提高教师职业道德水平

教师的职业道德主要指师德，但教师的世界观、人生观和价值观也包括在内，态度、价值观念、学识、品格等都属于职业道德的范畴。教师需要在教学过程中对这些职业道德都有所体现，给学生起到良好的模范带头作用。在进行教学时，教师积极乐观的态度、得当的行为举止以及带着微笑的面容，都会传递给学生正面积极的能量。教师对学生以诚相待、以礼相待，学生可能从中感觉到教师的个人魅力，自身也会受到感化和影响。经师易得，人师难求。教师通过职业道德和人格魅力，能让学生终身受益。教师传递给学生的具体知识（课本所学的）和无形的知识（人品的培养），必将为社会培养出高素质、有道德、有文化、有修养、诚实守信的合格人才和满足社会发展需要的人才。因此，初中英语教师也应该从自身修养方面进行思考，做学生生活、学习上的榜样。

七、不断学习，适应社会发展需要

在教学过程中，教师应充分考虑以下内容。合理利用语言学、教育学和心理学相关理论知识，对课程标准深入研究，按照语言规律和学生的个体特性，科学地设计教学过程；在教学过程中灵活处理各种突发情况，不断提高自身的课堂组织和管理能力；不断学习，丰富自身的知识体系，提高文化素养；根据教学目标，结合学生的需求和外部环境，及时调整教学方法；及时反思教学行为和课堂活动，成为一名教学与研究双向发展的综合型教师。

第四节　初中英语学习者的思考特点

影响英语学习效果的因素不外乎两种：智力因素和非智力因素。智力因素大部分是先天所决定的，不易发生改变，具有一定的可控性。而非智力因素可以在外界的作用下产生变化。对于多数英语较好的学习者，其成功往往归因于非智力因素。

大量研究表明，英语学习成功者所使用的学习策略和使用频率普遍比不成功的学习者多和高。相对不太成功的英语学习者主要采取的是一些机械的、消极的学习方法，如死记单词、背诵文章等。教师在英语教学时不光要传授英语知识，也要帮助学生选择有效的学习策略，降低学生的学习难度和心理压力，提高英语学习效率。初中阶段，学生的英语大多处于入门级，虽受到了教育部门的重视，但由于学习没有使用正确的学习策略和方法，也没有得到教师强有力的引导和帮助，从而一直未取得理想的学习成效。

学习者的学习习惯也会对英语学习的效果造成一定影响。习惯是人在学习或生活的过程中不需要刻意思考就采取的行动，是一种逐渐形成的行为方式。在英语学习上，首先要有良好的学习习惯。英语具有一定的实践性，除了基本的课堂教学外，学生还应该通过各种实际操练提高自身的语言水平。教师在教学中应该多创设相应的语言环境，调动学生的积极性，引导学生学会表达，培养学生听、说、读、写的语言技能。学习英语的过程也可以认为是培养学习习惯的过程。有研究表明，学好英语的前提就是要有合理高效的学习策略和学习习惯。有了良好的英语学习习惯，自然能够促进英语的学习，不断提高学习效率，也会对学生的其他方面产生积极的作用，使其受益终身。

学生在学习过程中所采取的一系列方法、措施称为学习策略，它可以是学习外部的，也可以是学习内部的行为活动。英语学习策略指学生为了提高英语水平而选择的各种行之有效的措施和方法。学习策略能够培养学生形成一定的自主学习能力。有了正确的学习策略，学生的学习效率会得到提高，其自信心也会增强。在学习策略中，使用最多的是认知策略。

认知策略主要是指学生在学习英语的过程中，对信息进行合理的选择和加工，有观察、记忆、联想、复核、总结、归纳、分析等多种形式。在认知策略中，记忆是最主要的策略形式，其中运用最广泛的是重要记忆、理解记忆、联想记忆三种记忆方式。

将需要记忆的学习内容连续学习，或者在一定的时间间隔之内重复学习，反复多次，最终达到永久记忆的方式即为重复记忆。总的来说，记忆越浅，越容易被遗忘，记忆越深，遗忘的速度也会随之减缓。影响记忆深浅层次的因素主要有内容刺激的强度和内容重复的次数两种。在一定时间间隔内，对记忆内容重复越多，记忆越深刻，重复越少，记忆就越浅。有实验表示，受试者在对100个单词进行记忆后，一小时后遗忘了56%，两天后，又在原来的基础上记忆了16%，随后的遗忘速度也明显放缓。六天后，仅遗忘了原来的3%。因此，重复记忆注重的是及时付现，即要求学生在短时间内多次复习加强，加深印象。此外，采取重复记忆策略时，分散复习也尤为重要。与集中复习相比，分散复习效果更佳，更有利于加强记忆。第一次复习之后，第二次与第一次复习之间的时间间隔可以稍微拉长，继续往后的时间间隔也随之拉长，可以依次为两天、一周、半个月、两个月、半年等。相应的复习时间也要随之减少，到最后浏览一遍即可。通过此种复习方式，学习效果能大大提高。由于大脑有一定的惰性，限时复习也显得尤为重要。在学习效率高的时候，大脑相对较兴奋，记忆所取得的效果也更明显。然而，当有充足的复习时间时，大脑相对不兴奋，不容易记住内容。因此，采取一定的限时复习策略，也能有效提高学习效果。在英语的学习上，限时记忆显得更加有效。

理解记忆指通过对新信息的理解，将其与已有的知识相联系起来，从而增加新信息的意义的记忆方法。联想记忆也是理解记忆的一种形式，是最常见的理解记忆方法。如单词"bed"可以通过字形记忆，学生可以将它看作是一张床的模样；"strule"可以通过读音"死抓勾"记忆，死死地抓住就是"挣扎"的意思；"pigeon"可以拆分为"pig""e""on"，将"猪""鸽子""在……上"连起来形成一句话，即"一只鸽子在猪的身上"；"render"与"reader"相似，可以联想到"教师'提供'书，而学生就是读者"。这些都是联想记忆的表现形式。

除以上方法外，理解记忆策略中最常用的是组织归类的方法。组织归类法即将要记忆的内容按照一定的标准和特性进行分类，方便学生记忆。组织归类法的对象一定是具有某种具体意义的，且学生容易理解。英语当中，一个名词受到不同形容词的修饰时，会按照一定的顺序排列。学生在对形容词排列顺序进行记忆时，可以按照相关形容词的意义编成一个口诀。如"大年颜国材"，即大小、年龄、颜色、国别和材料的排列顺序，学生在欢声笑语中不知不觉就记下了此顺序。在英语宾语从句语法中，对于一些表请示、命令等的动词，需要使用原形或者"should+动词原形"的形式，可以将其变成"Idropcaps"的口诀，"i"代表"insist"，"d"指"demand"，"r"是"request或者require或者recoend"，"o"指order，"p"是purpose，"c"指"coand"，"a"表示"advise"，"p"是"prefer"，"s"是"suest"。通过此种联想记忆，学生能够更快速地记住这条使用规则，且不会出错。此外，重复记忆也可以通过学生的讲述进行。学生在解题过程中会发现，许多内容在上课时听得很透彻，但无法将之正确地运用于题目中。学生没有将知识内化成自己的知识体系，没有将知识内容完全掌握。此时，可以组织学生将自己存在的问题整理后进行自述，通过此过程不断加强记忆。这给教师的启发是，教师在授课时要多组织学生参与课堂活动，对相关问题展开讨论。单词是英语学习的基础，到了中学阶段，学生的学习负担会加重。在英语上，学生也需要掌握足够的词汇支撑英语的学习。目前初中学生存在的普遍问题是单词记不住。但事实上，单词有多种记忆方法。除了上述方法外，也可通过全身反应的方法达到记忆效果。在理解一些长难句时，可以将其融入一系列的动作之中，通过学生的行为，加深对句子的印象。单词的记忆需要多种感官相配合，如读、听、看、写，在纸上重复书写的同时，大声朗读出来，眼睛也要多观察单词的结构，记忆效果事半功倍。

从心理学角度来看，态度是一种人们通过已有的价值观念对客观事物做出的评价。态度包括内在感受、情感、意向三个方面。我们常说态度决定一切。

从学习的动机和态度的概念来看，动机和态度会互相影响。学习动机中包括了学生的态度。学习态度是一种学生在学习过程中相对稳定的反应倾向，如积极、消极、主动、被动等。从动机与态度的关系来看，学生的学习动机被激发出来后，其学习态度也会受到影响。在真实的英语课堂中，学生积极的态度深受师生喜爱。英语教学课堂已逐渐从以"教师"为中心转变为以"学生"为中心。动机能够激发学生深层次的欲望和需求，使学生做出相应的行为，促进学生的学习。随着相关研究的不断深入，越来越多的学者和教师都逐渐开始重视学习动机对学习效果的深远影响。英语学习的成效在很大程度上取决于学生的学习动机。学习动机强，学生会更有动力进行学习，认真刻苦，不断进步，从而取得理想的学习效果。学习动机相对不明确或者没有动机的人，在学习的过程中，对自己没有要求，得过且过，无法提高英语水平。动机包括内部动机和外部动机两种。外部动机是指学生由于受到一些外部环境等因素的影响，如为了获得一些物质奖励而想要进行学习。这种动机虽有一定成效，但一旦消失，学生很容易放弃英语的学习。而内部动机是因为学生本身想把英语学好而产生的动力，学生带着对英语的浓厚兴趣，自发地进行学习。因此，相比于外部动机，内部动机更能够激发学生的潜力。因此，教师和家长都要注重激发学生的内部动机。学习的目标是学习最终要达到的结果，动机则是学生进行一切行为的动力所在。学习动机是能够直接促进学生进行持续学习的强大动力。它既有社会性，也有个体性，相对稳定，也具有一定的动态性。当动机被激发后，学生就会取得明显的学习效果。

学生的学习成果还取决于学习态度。教师在教学过程中要多引导学生以端正积极的态度学习英语，将原来的"要我学"逐渐转变为自主学习。通过激发学生对英语的兴趣，在教学活动中鼓励学生多开口，不断探索，最终让学生掌握学习方法。在学生学习遇到困难和挫折时，教师要及时正确地对学生加以引导，树立学生学习英语的自信。学生只有端正了学习态度，才能够一直以积极的态度面对学生和生活。积极的态度能有效提高学生的学习效果，也会帮助学生树立更加积极向上的态度。对于初中学生而言，他们尚未形成完整、积极的学习态度。因此，教师可以通过开展一系列形式多样的活动，培养学生形成正确的学习态度，同时结合学生的实际情况和学能水平，因材施教，激发学生的积极性，引导学生选择正确的态度和方法来学习英语，最终爱上英语，掌握英语。综上，动机是可以培养的，教师应该充分挖掘和探索能够有效培养学生动机的方法和途径。

第一，明确学习动机。初中阶段的学生，还不能很清楚地认识到学习英语的意义，只是因为在中考和高考中会涉及，因此会相对重视英语的学习。目前我国的高考制度虽存在一些问题，但总体上说是大多数学生必过的一道关卡。因此，初中学生学习英语的动机局限于应试。但如果仅将英语用来考试，学习便失去了意义。英语是一门语言，其主要功能是交际。因此，英语教师要向学生解释清楚英语的重要性，使学生注重掌握语言技能和思维方式，而不仅仅用来应付考试，不能太纠结于考试分数的高低。如果将应试作为唯一的动机，那在学生步入社会后，对于其他事物的学习也会止步不前。各大高校设立了全国大学生英语四六级考试，即便到了大学甚至研究生阶段也要进行英语的学习，可见语言学习没有终点。目前大部分企业在招聘时也越来越重视求职者的英语水平。因此，一定要让学生形成正确的学习动机，而不能单纯为了应试。

第二，树立信心。英语归根到底是一门外语。初中阶段的英语教学，其语言环境大多依赖于课堂。因此，要想让学生敢于开口说话，必须树立学生的自信。教师要鼓励学生多开口练习，包容学生在练习中出现的错误，引导学生应对困难和挫折。在学生面对挫折时，教师要多鼓励学生，不能打击学生的自尊心和自信心，通过具体的途径培养学生的自信，从而达到理想的学习成效。学生出现错误时，教师不能只是批评。学生取得了一些进步和提高，教师也要及时表扬和奖励。学生的学习动机很大程度上来源于教师对学生的态度。学生有了学习英语的自信，学习的态度和动机也会更加充足。

第三，教师要尽量组织形式和内容丰富的课堂活动，创设真实的语言环境，让学生在活动的过程中更真切地感受英语的魅力。教师可以通过讨论、游戏、比赛等方式，让学生在快乐中学会英语。此外，教师要充分利用多媒体技术和资源，将信息技术与英语教学相结合，以取得更好的学习效果。通过计算机技术创造真实的语言氛围，让学生使用英语进行沟通交流，树立自信心，充分发挥其对英语学习的积极作用。

第四，培养习惯。英语的学习效果与学习习惯密切相关。学生有了好的学习习惯，一定会取得较好的学习效果。事实表明，如果没有正确的学习习惯，则无法取得优异的成绩。习惯是一种第二信息系统，可以通过后天的培养形成。学习英语的过程也是学习习惯形成的过程。学习习惯是对正确学习行为的积累，具有一定的稳定性，形成之后较难改变。学生的学习意愿、能力、行为以及学习的环境都会对学习习惯的形成造成影响。学习习惯是学生对英语学习行为进行一定选择，结合自身实际情况而形成的一种内在行为体系。学习习惯的形成过程是积极的、选择的、自主的、有意义的，是一个多元的、复杂的过程。

3

第 三 章

初中英语教学设计

第一节　教学设计的模式

一、教学设计模式的发展

人类对各种学科、各种现象的认知，随着研究的不断深入而不断延展，教学设计的研究亦如此。随着对教学设计研究的不断深入，人们对教学设计的认知也不断延展，基于此而提出的教学设计模式也不断丰富。其发展过程经历了以下三个阶段。

（一）产生初期（20世纪40年代—20世纪60年代）

教学设计最早产生于第二次世界大战中相关军事人员培训的设计，一批长期从事教育实验研究的心理学家和教育家，承担了相关培训资源的研究与开发工作，在这一过程中，对学习内容与学习活动的科学设计成为常态。战争结束后，这些学者把军队中运用成功的，经过设计的教学内容与教学活动方法，尤其是视听教学法等，运用到学校的教育中，同时展开了视频媒体的相关研究，包括其设计的原则、教学效果的差异、教学方法、视频媒体的特点以及对教学产生的影响等方面。20世纪50年代出现的电视机在美国的普及也直接催化了基于教育电视节目的教学设计模式的产生。

在这一时期，教学设计的第一批理论著述相继问世，成为教学设计模式诞生与兴起的标志和动力，有以下几种。

1. 程序教学运动

20世纪50年代中期到60年代，程序教学运动极大地促进了教学设计模式的发展进步。

2. 行为目标编写的普及

20世纪60年代初期，教学设计模式中最重要的要素之———学习目标的理论基本成熟。

3. 标准参照测试概念的形成

20世纪60年代以前，大多数的测验方式都是通过对学习者的绩效进行测试的方式进行的，是一种判断学习效果好坏的常模性测验。而标准参照测试主要测量学习者在某一阶段的特定行为表现如何，与其他学习者的表现无关。因此，目标参照测验是一种可以检测学习者在接受教学设计之前和接受教学设计之后的行为水平的有效测验模式。

（二）发展期（20世纪60年代—20世纪80年代）

有了初期的坚实基础，教学设计经过几十年的发展，在20世纪60年代末正式成为一门独立的学科。到了70年代，美国的教育、军队、商业等多个领域都开始进行教育设计的相关研究，并大力推崇教育设计的方法。教学设计形成了相对稳定的模式结构，即教学设计一般包括确定目标、评估学习者已经掌握的知识、确立教学内容、选择教学策略、评估教学过程等内容。

（三）转型期（20世纪90年代以后）

到了20世纪90年代，教学设计开始转型。转型期的教学设计有以下三个特点。

1. 教育领域的教学设计发展现状呈现稳定发展状态

从20世纪70年代到80年代起，在全球范围内，许多领域对教学设计的兴趣一直持续不减，以商界、工业界和军界为甚。但非常意外的是，教学设计在教育界所产生的实际影响却只是保持稳定发展，并不如其他领域热烈。面对教育领域的这种稳定发展现状，教学设计专家们开始反思传统教学设计的局限，探寻教学设计发展的新路径。

2. 技术工具开始整合到教学设计模式之中

计算机的普及使得教学信息的传递更加方便快捷。基于计算机的多媒体整合教学设计模式被广泛使用。20世纪90年代后，随着通信技术的迅速发展，教学设计也有了广阔的发展前景，基于网络的远程教学设计模式逐渐生成。特别是进入21世纪，随着无线网络技术、蓝牙技术等的成功开发，移动电话和移动计算技术迅速普及全球，由此催生出一种崭新的学习形式——移动学习，随之派生的移动学习教学设计模式也日益发展起来。机器学习对于学习机制的研究、虚拟现实的情境设计等技术发展，可能使教学设计进入新的快速发展时期。

3. 新理论对教学设计模式的影响

计算机技术和网络技术被广泛应用在教学领域，建构主义理念的出现都对教学设计的发展产生了一定影响，使其开始进入转型发展期。20世纪90年代后，一大批教学系统设计模式产生，它们以建构主义为理论基础，结合了新兴技术，引发热烈的社会反响。此外，绩效技术也开始影响教学设计，通过改变激励系统或工作环境而解决问题的模式应运而生。教学设计的发展也受到了一些理论的影响，如后现代主义、逻辑学、混沌理论等。

二、教学设计模式的类型

教学设计模式数以百计，既因为教学设计研究不断深入、视角不断丰富，也因为基于教学多样性而出现的不同设计需要。我们可以从教学设计的不同视角说明分析教学设计模式的类型。

（一）以教学设计理论为基础的教学设计类型

教学设计模式分为以下几种。

1. 基于一般系统理论的过程模式

学习者的需求、学习目标、学习评估、传递途径、适用的教学系统、系统的安置和维持六个要素共同构成了系统设计的全过程。每个系统设计过程模式都离不开这六个要素，具有一般性。

根据不同的应用情景与教学目标，不同的系统过程模式在六要素的排序与侧重点上有差异。以系统思想为核心的过程模式，需要设计人员运用相关知识对设计过程中涉及的每个问题进行充分考虑，包括各种教学因素，传递途径的设计、选择等。其主要特点是，忽略对具体过程的阐述，注重项目结构体系的构建，强调将重心放在教学设计的整个过程上。因此，基于系统理论的过程模式，无法体现出教学设计过程的特点。

2. 基于传播理论的过程模式

基于传播理论的模式可划分为两种类型：一种是一般传播模式，主要描述的是使用各种媒体对信息进行设计的过程；另一种是文本组织形式，主要用文本对内容或教材进行组织。

基本计划阶段是模式的第一个阶段，包括四个部分：选择策略、接收者特点描述、确定中心思想、确立行为目标。第二个阶段则是对确立目标的补充。在此阶段，由于教师对学生的学习内容和教学策略有了一个大致的了解，对内容的信息承载也有了一个大致估计，便可以选择信息组织方式。第三阶段与控制信息复杂度有关，一般来说，传播的背景是由传播的途径和信息的密度共同决定的，在教学过程中必须考虑到信息本身的复杂性以及是否适用于学生。

传播还有文本组织模式。这一模式较为简单，它假设文本在外观上的组织与编排会影响学习，因而致力于在文本字体、排版等外观设计上运用技巧，引起学生注意。这是一种以计算机为定向的教学模式。

（二）以教学设计内容为基础的教学设计类型

教学设计可以按照内容的层次分为三种模式：以"产品"为中心的模式，以"课堂"为中心的模式，以"系统"为中心的模式。

1. 以"产品"为中心的模式

以产品为中心的模式中的"产品"包括多种类型，如教学用多媒体、教学材料等。教学产品的类型、设计内容和功能是由设计人员、顾问以及教师等共同决定，他们对"产品"进行精心的设计、开发、测试及评价。

2. 以"课堂"为中心的模式

"课堂"中心的模式是指教学设计主要是围绕课堂教学所进行的，它是按照教学大纲的相关要求，结合学生的实际情况，利用已有的设施和资源进行科学的教学设计，强调要对已有设施和材料进行合理充分的运用。

3. 以"系统"为中心的模式

以"系统"为中心的模式中的"系统"指教学系统，教学系统具有一定的复杂性和综合性，它包括学校、课程设计、教学方案等多方面内容。此模式的涉及内容较多，如确定目标、建立实施方案、测试、评估、修改等。因此实施起来有一定的难度，主要由设计人员、专家、教师、行政工作人员以及由学生组成的设计小组共同合作完成。

（三）以教学设计实施方法为基础的教学设计类型

有学者认为，教学设计的模式可以按照教学设计的实施方法将其分为以下几种：以"教"为中心的教学设计模式，以"学"为中心的教学设计模式，以"教师为主导、学生为主体"的双主教学设计模式。

第二节　初中英语教学设计的模式

一、初中英语教学设计的基本模式

（一）对象分析

1. 主体分析

对学习主体的分析是整个教学设计的开始，对学习主体的情况有整体的把控才能够有针对性地进行教学目标、策略、技术、过程、评价标准的设计。教学设计的一切程序都以分析学习主体的特征为前提进行。

对初中阶段的学生的分析主要集中在以下几个方面：学生的学习目的、学习动机、已有的知识水平、认知机制、心理特点等，这些方面都会对英语教学设计产生深远的影响。

2. 需求分析

学生的学习目标与学习起点之间的差距即学习需求。对学习需求的分析就是通过分析学习目标与学生起点之间的差距，更科学地进行英语教学设计。

确定学习目标是分析学习需要的关键环节。在确定学习目标时，要充分考虑到个人需要和社会需要，结合各种外在因素（如学习环境、学习硬件设施、教学资料）和内存因素的影响，确定科学合理的学习目标。

学习目标可以按照不同的标准进行分类，按照离当前时间距离分为长期目标、中期目标、近期目标，按照时间的长短分为学期目标、常年目标、单元目标、课时目标等。无论何种目标，都需要先形成科学的目标体系，才能依此开展教学设计。

确定学生现有学习起点水平则需要调查、评价与分析学生已经达到的学习水平，尤其是与学习目标直接关联的学习水平。

分析学习需要对于初中英语的教学设计来说具有重要意义。教师要结合个人需要和社会需求，设定科学合理的学习目标。可以说，初中英语教学设计最为关键的是设计科学、合理的初中英语教育教学目标。

3. 内容分析

学习内容指学生在学习过程中为了实现学习目标而学习的相关知识、技能、方法、情感、态度等方面内容的总和。英语学科旨在培养学生的语言技能、文化、思维方式和学习能力，具体的学习内容则是由课程标准规定，通过课堂学习而实现的相关语言文本和材料。

对学习内容的分析就是要让教师和学生明确要教什么、学什么。在目前的初中英语教学中，教师在对教学内容进行分析时能够很好地把控语义和语境内容，但语言内容较难把握，甚至出现了一种忽略语言内容的普遍现象，致使学生的学习动力不足。因此，在进行教学内容分析时，只有结合教学内容的语义、语境和语用三个方面，重点突出语言内容，才能全方面地促进学生的英语水平。

（二）设计

1. 教学目标

教育是带有目的性的社会实践过程。在这个过程中，目标设计极为关键。如果没有教学目标，教学就没有了明确的方向，即使教学分析、教学策略、教学技术等方面有再高的水平，都无济于事，甚至会产生一些消极影响。教学目标的设计要基于教育目标、课程目标，初中英语教学目标设计要充分考虑初中生的认知能力，因为他们的心智还在发展之中。

2. 教学策略

教学策略是指为完成相应的教学任务和教学目标而采取的一系列教学活动、教学方法、教学形式等因素的总体体现，它包括对教学内容的总体设计，对教学过程中出现的问题和学生会出现的反应的总体设计，以及对教学组织形式的设计，包括课时、教学顺序、教学活动以及教学形式的选择等多方面内容。

教学策略必须以教学目标为基本，结合教学内容，充分考虑学生的个体特征和教学的条件，合理安排教学活动，精心设计各个教学环节，形成系统全面的教学设计，充分发挥教学功能。

教学策略包括多个方面，如教学过程组织、教学顺序安排、教学内容呈现、教学信息传播、教学传递以及教学管理等，这些教学策略对初中英语的教学设计都是极其重要的。

3. 教学过程

教学过程是教育设计中的一部分，对于初中英语教学来说尤为重要，因此单独对其进行探讨。

教学过程具有连续性，是为达到教学目标而开展各种教学活动的过程。英语教学极其注重教学过程。教学过程设计主要包括以下几点：

（1）任务介绍

任务介绍即向学生阐述具体的教学任务，让学生对教学目的有一个整体的把握，明确语言学习目标。

（2）任务准备

任务准备是语言学习的过程，分为语言接触和语言吸收两个主要环节。语言接触是教师呈现所学语言，让学生学习所学语言的环节。语言吸收是学生经过练习内化所学语言的环节。语言吸收是影响语言学习效果的最为关键的环节，没有吸收就不可能有语言学习的结果，学生也就不可能形成语言运用能力。

（3）任务完成

任务完成是学生在学习所学语言之后，应用所学语言的环节，也是语言输出的环节。

（4）语言巩固

语言巩固是在学生应用语言之后，对其语言运用中存在的问题，有针对性地进行解决，达到促进语言内化的目的。

4. 教学技术

随着社会发展，教学技术也趋于现代化，如互联网、计算机、多媒体等新型技术对英语教学都能起到积极的作用。因此，教学技术的设计是教学设计的必要内容。

教学技术的设计主要包括教学媒体的使用、教学媒体辅助教学等方面。在进行教学技术设计时，要以学习目标和学习内容为基础，结合学生的个体特征，选取得当的教学策略，利用不同教学技术媒体的不同功能，充分发挥其作用。在教学中，只有有效的多媒体和对多媒体的有效使用，并没有必需的媒体。

（三）评价

教学设计能有效提高教学的有效性，教学目标则是教学的方向。而对于学习成效的评价是评价教学的有效有段。教学评价的前提是要确立评价的标准。按照评价目的，学习成效评价分为诊断性评价和成就性评价；按照评价的形式可以分为形成性评价和终结性评价。

在确定评价标准时，应该以学习目标为参照，同时要结合实际的学习情况。学习成效的评价标准可以直接按照学习目标来确定。

形成性评价主要是针对学习过程评价，其标准要根据需要来确定；终结性评价是针对学业成效的评价，标准主要根据学习的目标来确定。

我国现行的初中英语教学评价体系还存在许多问题，标准不一、形式单一、以偏概全，仅仅用片面的知识代替整个语言系统。

英语教学的总体目标是提高学生的英语综合运用能力。因此，初中英语教学设计的终结性评价应该具有一定的实用价值，在题目设置方面，主观题和客观题相结合，不能单一地考察某一个知识点，而是要对学生掌握的知识进行综合考察。

我国基本教育阶段的英语教学普遍存在评价标准过偏的问题，因此在进行英语教学设计时，要紧紧围绕语言的综合运用能力去设计评价内容和标准。

（四）反馈修正

根据评价反映出的现象，为改善教学效果而对教学设计做出相应的调整即反馈修正。

教学设计实质上是一种预设行为，因此会有一定的误差存在，出现一些不适应的现象。而教学评价是教学过程结束后的行为，可以提供大量真实的教学信息，能够反映教学目标的完成程度。但教学设计并不是一成不变的，教师要通过教学评价反馈的信息，对教学策略做出调整和完善，不断提高教学的有效性。

在现实的英语课堂中，经验丰富的教师会按照已有的经验，对大量的教学内容进行分析，利用有效的信息反馈，调整教学方法和策略，实现教学目标。

教学设计能有效促进教学成效的提升，引导新教师通过教学设计不断积累经验，进而可以在教学过程中随时提取教学信息的反馈，并及时调整，是一种理想的教学准备阶段的活动。

初中阶段的英语教学设计，面临着很多问题，如学生的知识和技能不匹配、教学环境和条件不成熟，因此要根据反馈及时调整教学策略。

综上，实践英语教学设计主要有分析、设计、评价和修正四种模式，重要影响因素包括学习目标、教学过程、评价标准以及反馈。

在以上一般模式之外，建构主义的教学模式也具有独特价值，尤其是对于以学习为中心的教学设计理念，有助于我们深度改革我们的教学。

二、新授课教学模式

（一）新授课教学模式遵循的理念

课程实施是课程改革的核心环节，主要通过课堂教学实现。教学是一个教师与学生沟通交流、教学相长的互动的过程。在教学时，教师要处理好教授知识和培养能力之间的关系，要结合学生独立、自主的特点，引导学生在实践中提出问题、解决问题，使学生逐渐成为主动、积极的教学主体。新课程改革下的教学过程，要深入贯彻让课堂充满生命活力、让学生成为学习主人的理念。这也给教学提出了新的要求，即不能再走传统的教学老路，而是要调动学生的积极性，激发学生的内动力，引导学生独立思考，创设特定的语言环境，提高学生的智力水平和非智力水平，让每个学生都得到全面发展。

（二）教学过程

1. 展示学习任务

教师在课堂教学过程中，首先要向学生展示当堂课的学习任务。学习任务设计要相对自然、真实、贴近生活，任务要符合学生目前的水平。学习任务的设计始终要以学生为中心，结合学生的实际情况，将复杂的问题简单化，由易到难、由浅入深、循序渐进地呈现学习任务。学习任务主要包括学生要重要理解掌握的语音、词汇、语法、语言技能以及相应的情感技能。

2. 新知呈现

新知呈现即将要讲授的知识展现给学生，有效激发学生的兴趣和欲望，这是课堂教学过程的重要环节。新知呈现时，教师充当"演员"的角色，要充分利用各种辅助工具，通过一些肢体动作、面部表情等引起学生的兴趣。在新知呈现后，教师及时、有层次地讲解新的课堂内容，能够起到事半功倍的效果。对于新知识的讲解，教师要选取适当的教学方法，引导学生一步一步对知识点进行分析和内化。通过这种方法，学生在课堂上一直处于积极的思维状态，久而久之，能够培养学生的自主学习能力，使其逐渐形成良好的学习习惯。

3. 操练

操练即对语言知识的有效练习。在对教学内容进行讲解后，采取有效的练习方式及时地对语言点进行操练，在保证课堂秩序的情况下，有组织、有计划地组织学生开展各种有意义的练习。在这个过程中，教师要注意把握练习的层次和梯度，要由易到难、循序渐进，也要确保每一名学生都能够参与其中，为学生制造语言实践的平台和机会。此外，教师也要给学生的行为给予及时的反馈，对学生的错误能够包容，对学生取得的成果要及时表扬，以培养学生的自信心和积极性。

4. 实践

操练环节后，要通过相关的实践活动检验学习效果。实践主要是结合语言点和语言材料开展一些表达性的练习。教师在设计实践内容时，要照顾到每一名学生，并降低对学生的控制程度，引导学生尝试使用语言完成相应任务。在实践过程中，教师可以先让语言能力较好的学生给其他同学进行示范，然后开始讨论和交流，也可以加入一些自我评价和学生互评的环节，让学生在参加实践的过程中体会到成功带来的喜悦。

5. 巩固

巩固环节是对本次课堂教学内容进行综合性的回顾以加深印象。巩固可以通过各种形式进行，如游戏、唱歌、戏剧等，不局限于口头形式，也可以是书面形式。

三、初中英语语法教学模式

（一）指导思想

实践英语语法的教学模式，始终要坚持以"学生"为中心，让学生通过学习和操练，逐渐获得英语综合应用能力。在进行语法教学时，教师要坚持系统性、交际性、多样性和层次性的原则，在遵循学生认知水平和发展规律的前提下，循序渐进地开展教学，同时要突出英语语法的应用功能。

（二）基本目标

语言教学的目标是要让学生通过课堂学习掌握教学内容中的语法知识。在语法教学的过程中，教师要多创设真实的语言环境，引导学生表达自己的思想，提高学生的英语交际能力，指导学生选择有效的学习策略和学习方式，培养学生良好的学习习惯，不断促进学生英语水平的提高。

（三）基本模式

1. 展示目标

此环节主要是向学生展示新课的目标内容，让学生提前对所学内容有整体了解，调动学生的积极性，激发学生的兴趣，为学习新的知识做好相应准备。

2. 呈现新课

（1）导入

导入环节是呈现新课的重要一环。一个成功的导入能够让学生迅速地融入课堂氛围和角色，充分调动学生的积极性。导入环节可以通过复习旧课，提点新课中涉及的内容进行，也可以是一些日常话题交流，还可以用音频、视频等形式导入。

（2）呈现新课

呈现新课主要是将要学习的内容直观地呈现给学生，让学生通过演绎和归纳，总结出具体的语言规则。教师可以通过创设具体的语言情境，引导学生自行进行归纳，也可以通过一些图片或课文带领学生一起总结。

3. 巩固操练

（1）口语交际练习

在此环节中，教师首先要对学生提出要求，规定任务，让学生通过本节课学习的语言点完成任务，包括翻译、对话、朗读、修改病句等。

（2）小组协作练习

教师将学生按照一定标准或者随机分成若干小组，在具体的语言环境中，分组互动，展开讨论，确保每个学生都有任务，都有话可说，由知识层面上升到技能层面。

4．知识拓展

此环节主要针对中考进行，将学习的语言点与中考真题联系起来，也可以拓展西方文化的内容，开阔学生的眼界，激发学生的兴趣，也可以是对知识和能力的提升。

5. 课堂检测

学生的知识能力不光要通过教师讲授，也要通过大量的练习。因此课堂检测对于学生来说极其重要。在进行知识讲授后，教师要及时地对学生进行检测，检验学生的学习效果，通过反馈出的学习情况，对自己的策略和方法做出调整和修正，促进学生学习能力的提高。

6. 课堂小结

在知识点讲解完成后，还要及时对所学内容进行总结，包括重点、难点以及中考涉及的考点等，可以通过口诀、顺口溜、图表等方式加强学生对知识点的理解和记忆。

（四）基本方法

1. 以情境为单位的语法教学

情境教学指通过具体的情境开展语法教学。交际是学习语法的前提。实践证明，在具体的语境中学习语法是一种高效的学习手段。教师在教学时，可以充分利用多媒体技术，如PPT课件、动画、音频、视频、图片等现代化手段，调动学生的积极性，为学生创设具体的语言情境，让他们在与他人沟通的过程中提高语言能力。

2. 以篇章为单位的语法教学

篇章教学指以句子和语篇为单位的教学。通过篇章教学，可以有效地避免一些烦琐细小的知识点的讲解，易于被学生接受。在篇章教学过程中，语音、词汇、语法等相关知识都能得到综合的呈现。篇章教学的方法适用于精讲多练，能有效提高课堂教学的效率，语法的讲授和学习也更富有生命力。

3. 以句型为单位的语法教学

语法教学也可以以句型为单位。先将知识点呈现在学生面前，让学生提前熟悉要学习的内容，并进行有意识的归纳和整理，例如，句型替换、句型转换、复述、转述等方式，引导学生对语言的深层规律和功能进行挖掘，促进学生交际能力的提高。

四、初中英语听说课教学模式

（一）教学目标

教师要根据学生的个体特征，如现有语言水平、发展层次、学习动机、学习风格等，根据不同的学生特点设计科学合理的目标，让学生独立或者与他人协作完成。

（二）教学准备

教师要提前根据教学内容和教学过程准备好需要使用的工具，如PPT、图片、音频、视频、工具等，学生也要提前准备好相应的备品。

（三）教学过程

1. 热身

（1）话题交流

根据教学内容中的话题展开相应的交流，通过师生互动或者生生互动的方式进行。

（2）复习/头脑风暴

针对所涉及的中心话题，让学生联想之前学过的相关内容，在大脑中迅速检索相关的知识点，可以对已有的知识起到复习的作用，也可以在教师的带领下对学过的单词、短语、句型、语法等进行复习，在特定的语言环境下，复习相关的句型、时态等语法知识。此外，也可以开展头脑风暴的活动，让学生进行小组练习，拓展现有的知识，为即将学习的新内容做好准备。如在教授"指路"这个话题时，就可以先让学生回顾有关"问路"的单词、短语和句型。

2. 中心任务活动

任务活动主要是根据课堂教学内容来设计的，每个单元应有一个中心任务，完成这个中心任务需要很多目标语言，要把这些目标分散到各课时内学习，在这个环节中就是围绕着中心任务设计小任务活动，每个小任务活动都完成一个小目标，教师就是根据这些目标语言的学习过程来设计任务活动的，任务活动可多可少，可繁可简，可大可小，没有限定，均以学生能顺利完成学习任务为目的，这些步骤就是本着这些原则而设计的基本操作方法，不是固定的一成不变的框框。

五、初中英语阅读教学模式

（一）感知课文

学生自读课文并从中找出不懂的单词和句子，然后教师教授本课新单词以便解决学生的部分问题。之后学生质疑，教师或能力好的学生逐一解决质疑的问题，初步扫清学生阅读障碍。播放课文录音，学生跟读，纠正学生的单词读音、语调等，为学生朗读课文做好铺垫。教师领读，进一步纠正学生的语音语调问题，并熟悉课文。学生自读并检查，学生自读课文以后教师进行抽查，看学生是否能够熟练地朗读课文。

（二）理解课文

设置问题。教师可先设置几个简单的Yes—No question。让学生带着问题去阅读，之后回答问题，检查学生的阅读情况。

在学生熟读课文的基础上要求学生口头翻译课文，这一环节学生可以合作完成，在合作的过程中学生再次质疑，找出不理解的句子。

理解课文，教师提出问题，要求学生带着问题进行精读，然后回答问题。问题的设置可分为以下几类：一是就文章表层意思提出的问题；二是就对文章整体意思的理解提出的问题；三是就文章的思想性提出的问题；四是能启发学生深入思考的问题；五是能启发学生概括自己的理解的问题。在回答问题时，个别问题可采用讨论的形式进行，以便顺利地完成阅读教学。

最后，再次阅读课文，让学生更进一步理解课文。

（三）复述课文

精讲知识点，在学生理解课文的基础上，教师对课文中出现的知识点进行详细讲解，并进行举例示范，达到学以致用的目的。

学生复述课文，在课文结束时，学生结合自己的理解和所学知识点的应用，对课文进行复述，要求学生尽量把要点和课文的思想有机地结合起来。

播放录音，让学生比较自己的复述情况，弥补自己的不足。

（四）阅读反馈

设计精练的练习配合课文是阅读课教学中很重要的环节，也是整个教学设计成功与否的关键体现。可利用多媒体教学的优势，设计多张幻灯片，进行口头练习。

设计课堂5分钟，对本课的知识点进行概括和复习，落实到学生的笔头上。

可根据学生的实际情况，扩充适当的课外阅读文章。通过以上教学模式，训练初中学生的英语阅读能力，逐步提高学生的阅读水平，为以后的教学打好基础。听、说、读、写是构成英语语言交际能力的重要组成部分，其中要求较高的是"写"的能力。

（五）英语阅读教学的策略

1.巩固单词拼写，培养组句能力

词汇匮乏是英语写作的最大障碍之一，有话想说、无词可写是大部分学生的苦恼。因此，应要求学生坚持每天听写、默写、循环记忆单词，掌握巩固词汇。还应要求学生给出与单词有关的同义、近义、反义和词形相似的词，使其词汇量得到最大程度的复现。如反义词appear/disappear，crowded/uncrowded，polite/impolite/rude等，词形相似的词except/expect，chance/change/challenge等，还应让学生以某一词为中心，写出该词的不同形式或词性，组成典型的句型，从而不断丰富其词汇和句型。如拼写单词die时，不但要写出其过去式、过去分词died，而且要写出其他词性（death，dead，dying），再分别组句，如The old man died two years ago. / He has been dead for two years. / His death made his dog very sad．It is dying。

2.阅读背诵精彩段落，围绕单元话题设计书面表达

阅读是写作的基础，阅读能力越强，驾驭语言的能力也就越强。所以在阅读背诵方面下功夫很有必要，因为教科书中的文章都是一些很好的范文，文笔流畅，语言规范，精彩的一些课文段落应要求学生背诵。同时组织学生进行大量课外阅读。还可以选择课外阅读材料，要求学生课外阅读，记住一些精彩句

子、名言警句，学习合理的篇章结构，为语言的输出积累丰富的资料。除背诵阅读外，还要充分利用教材资源作为学生书面表达的话题材料。

3. 结合限时与非限时训练，师生共同评价相结合方法，提升学生思维能力

限时训练与非限时训练相结合：一般的书面表达作业常被布置在课外完成，学生的思维较为懒散，常依赖于查阅教材内容或课外参考范文，已学的词汇与句型结构没有通过学生的内化而被生吞活剥地使用，导致完全属于学生自己写出来的句子偏少，完成书面表达的时间延长，效率低下。限时训练与非限时训练相结合的方法，特别注重限时训练，让学生在规定的时间内在统一印发的书面表达训练专用纸上完成，学生有一种时间上的紧迫感，"逼"着自己积极思维，把孤立琐碎的一些素材进行组织、整理，使其条理化、系统化，再仔细推敲，快速周密组织语言文字，落笔成文。教师评价与学生互评相结合：学生的书面表达可让同伴批阅评价，批阅者对有疑问的地方做上记号，待互相讨论取得一致意见后再更正。这样能使学生以批评的眼光审阅自己的作品，增强写作动力，逐渐树立写作的信心，同时也发展了学生的分析思维能力。若遇到有争议的问题，可请教老师。可选择好、中、差三个不同档次的书面表达，进行示范点评，把优秀的学生作品作为范文由学生本人在全班同学面前朗诵，并张贴在教室的展示区，供其他学生学习欣赏。

4. 积累常用的表达方式，形成正确的表达习惯

有的表达方式结构固定，出现率高，使用时不需进行多少再加工，有利于学生对其进行整体记忆，使用较为方便。

此外，为了使行文连贯流畅，要求学生学会使用连接词与过渡语，这样可以使句子简洁、明了，句子之间的逻辑关系更加密切，使文章条理性更强，层次更加分明，从而达到更好的表达效果，常用的过渡用语有：表并列或递进：and, both... and, neither... nor, not only... but also, as well, as well as, besides, what's more, also；表选择：or, either... or.

六、复习课教学模式

（一）复习课遵循的规律

复习，就是通过一定形式的教学活动，将学生已获得的零散的英语知识，

通过分析、归类有机地串联起来，从而加深理解、增强记忆，使知识条理化、系统化进而达到融会贯通。并在此基础上将知识的传授转化成能力的培养，使不同层次的学生各有收益。在复习中，教师在充分发挥自己主导作用的同时，必须更加重视学生主体作用的发挥，把学习的自动权交给学生，把大部分时间留给学生。使学生在教师的指导点拨下自主参与、自主体验，在各种学习活动中，用眼、耳、鼻、手、脑多感官去体验，从而获得种种发现，继而进行各种思维活动，最后用语言表达出来。

（二）复习课课堂教学模式

出示复习任务—指导学生自学—小组合作交流、讨论—质疑、重难点解析—体验、拓展、提高—话题讨论、检查自学的效果—当堂完成课堂作业。

（三）复习课课堂教学步骤

1. 出示复习任务

此环节要注意由基础到能力的设计，既要照顾字词、句篇、语法的复习，又要注重听、说、读、写的训练。

2. 指导学生自学

此环节教师要根据所设计的任务制订详细的教学活动计划，让学生在活动参与中达到自学的效果。以复习单词为例，可采用抢答形式或游戏形式，增加趣味性，让学生乐于参与。

3. 小组合作交流、讨论

将大的任务分解成一个个小任务，将知识点及语法分散在语言环境当中，让学生在完成小任务的过程中完成语言的运用。在这一环节当中，可以让学生记忆重点句子，可采取翻译记忆、组词造句等方法。复习课文时，可以用任务型教学模式让学生进行体验活动，不但复习了旧的知识点，又在原基础上有所创新。小组合作时，教师要巡视，并加以个别辅导。

4. 质疑、解析

对学生不懂的问题，教师引导、解析。让学生自己总结归纳，自己解决问题，从而提高学生的概括能力和解决实际问题的能力。

5. 体验、拓展、提高

根据词组联想课文中的句子，让学生由一个单词联想多个与之有关的词组，并以多个句子的形式口头表达出来，以点带面，以面带全，既训练了词组的运用，又提高了学生的思维能力，同时部分学生还会体会到学习英语的成功感，增强学习的乐趣。利用多种手段，创设各种情景，设计各种实践活动，让学生产生一种渴望学习的冲动，自愿地全身心地投入学习过程，并积极学习语言、运用语言，在亲身体验过程中掌握语言。

6. 话题讨论、检查自学的效果

在复习基础知识与锻炼思维能力的基础上，就已学习的内容进行口头或笔头训练，提高学生的综合能力，同时针对复习任务和复习内容的要求，检查学生自学的学习效果。

7. 当堂完成课堂作业

此环节要注意题目选择的针对性，重点练习学生的薄弱点，做到查缺补漏。

七、英语课堂教师角色的嬗变

（一）当前英语教学设计中存在的问题

在中学课堂教学的实地观察中，"教材使用教师，而不是教师使用教材"的现象颇为普遍。毋庸置疑，这种现象势必影响初中英语教学的质量，从而使英语教学达不到义务教育所提出的英语学习的目标。这种现象产生的原因是什么呢？

1. 缺乏新的教育观念

所谓新的教育观念，是指在教育目的上，由偏重发展英语语言技能，转向关注学生整体人格的发展，强调在生动有趣的英语活动中培养学生积极的态度，使学生学会获取信息和创造运用信息。在教学内容设计上，由单纯注重传授单一、繁难、枯燥的英语书本知识，转向为学生提供基础性的、丰富多彩的、与真实生活紧密联系的内容信息，拓展视野，使英语学习更为有效和有趣。在教学设计方式上，由孤立的分科知识技能教学，转向不同相关学科的沟通，鼓励学生进行体验性、探究性和反思性学习。在评价设计方式上，由过于强调甄别优劣、比赛选拔、确定等级等，转向促进每个学生学习能力的提高，尊重学生个性与认知水平的差异，使他们都获得成功感。在师生关系上，由以教师为中心，转向以学生为主体，师生之间平等对话和在互动中共同提高。

2. 缺乏强的教育能力

所谓教育能力，是指英语教师的知识能力结构不应只具备英语语言基本知识和基本能力元素，还应具备教育学、心理学、管理学、文学艺术、哲学等多学科元素，充分形成综合效应。有了这种集多学科知识为一体的结构性综合效应，不仅能够遵循"因材施教"的教育原则，创造性地利用新教材，组织富有针对性的英语教学内容，有效地指导学习，还能最大限度地激发学生的学习动机，保证他们健康地开展学习，最终真正实现培养学生具有终身学习的能力，"教是为了不教"的终极目的。

3. 缺乏好的发展方法

所谓好的发展方法，是指具备知识更新、终身学习、自我发展的能力。教师主观上缺乏发展的方法，加上客观上教学工作繁忙、家务事多等原因，就只能坐吃在学校获得的有限的老本，毫无疑问地难以适应不断发展的教育改革形势。要用好新教材，提高英语教育质量，无疑，首先要树立教材所依据的、新的现代教育理念，其次要求教师具有良好的专业素养和教育能力。否则，就只能照本宣科，成为教材的奴隶，形成"不是教师使用教材，而是教材使用教师"的被动局面。

（二）英语教师教学设计要实施以下的转变

1. 教学设计由"灌输者"向"引导者"转变

（1）运用体态语传授知识

如在学习"What can you do？"时，教师教学时可边说边用体态语表达情景："I'm helpful at home. I can sweep the floor, cook the meals and clean the bedroom. What about you？"在学生基本掌握短语之后，让学生上台边听边表演各种动作。初中学生活泼好动，对这种活动最感兴趣，这样可使每个学生能动起来、说起来，"动中学，学中动"，这样学生学得快，掌握得也快。

（2）借助电化教学手段培养学生使用英语收集和处理信息的能力

如教授"At a farm"时，可以通过计算机辅助教学课件，把农场里所有的动物有序地演示给学生看，把静止的文字变成声情并茂的动态情景，让学生仿佛身临其境一样。在农场一旁，有小朋友与牧民进行对话："Oh, this is so big.

Are they sheep？" "No，they aren't. They are goats."然后引导学生学习："Are they...？" "Yes，they are. /No，they aren't."也可用计算机辅助教学设置游戏情景：课件中出现一个望远镜，上面打着一个大大的问号，然后有一种动物在屏幕上闪动几秒后消失，老师紧接着问学生："Are they cows？" "How many cows can you see？"从而提高学生的学习兴趣，使学生学到了知识，又锻炼了观察能力。

（3）通过文化导入提高学生获取新知识的能力

语言和文化的关系是密不可分的，新课程的英语教学的目的就是要培养学生运用英语在一定范围内进行交际的能力，促使学生正确理解和使用英语，并顺利地融入英语语言文化的交往。如学习序数词时，可以这样导入："What's the date today? Do you know when is Children's Day/National Day/Thanks giving Day？"通过文化意识渗透，学生不害怕枯燥无味的序数词了，他们能够了解到中西方重要的节假日，又能理解和正确使用序数词。

（4）通过小组讨论锻炼学生的创新意识

小组讨论，即Group Work，是英语课堂教学中学生合作学习的一种方式。新课程提倡课堂应焕发生命活力，发挥学生学习的主动性，所以小组讨论的合作学习是初中外语课堂教学的重要形式，它有利于活跃课堂气氛，增强学生学习的主动性，也有利于培养学生的群体合作意识及创新能力。

2. 教学设计由"导师"向"参与者"转变

我们倡导专家型教师，但不提倡教师站在专家的高度去要求学生。这种转变要求教师与学生共建课堂，与学生一起学习、一起快乐、一起分享、一起成长。从"独奏者"的角色过渡到"伴奏者"的角色。学生在和谐快乐的氛围中进行学习，可以减少紧张的情绪，抑制并消除学习中的疲劳，保持旺盛的精力和高度的兴趣，使内心世界变得活泼开朗，从而有效地改善和提高他们的感知、记忆、想象、思维实践能力。

3. 教学设计由"知识源泉"向"开发者"转变

初中英语教学需要英语的大环境，因此要充分开展第二课堂，开设好效益课程。为学生创造良好的语言实践环境：如鼓励学生观看英语电视节目，收听BBC节目等，开设英语角、英语板报、英语值日报告、英语日，开展英语书法比赛、口语比赛、听力比赛、作文大赛，积极参加全国英语竞赛，进行英语演讲，组织英语节目演出，开阔学生视野、激发学生学习英语的兴趣。在班级内进行英语文化建设，以介绍世界文化为突破口，营造浓郁的英语文化氛围，加强英语俱乐部工作。开展课外阅读，增加语言实践总量。要学好英语必须保证有足够的信息输入，即语言输入，教师可组织学生借阅、订阅英语报刊等，建立课外活动兴趣小组，开展英语兴趣小组、知识竞赛，创建英语特色学校，开展英语第二课堂，作为英语课堂教学的有力补充。

4. 教学设计由"指导者"向"促进者"转变

这是教师角色的一个本质转变。这种转变要求教师变"牵着学生走"为"推着学生走"，变"给学生压力"为"给学生动力"。要帮助学生选定合适的英语学习目标，并确认和修正学生为了达到目标所选择的途径。用鞭策、激励、赏识等手段促进学生主动发展。人贵有自尊自信，怎样保护学生学英语的积极性呢？

（1）在形成性的教学评价中保护学生学英语的积极性

在教学过程中，要多给学生实践锻炼的机会，使他们获得成功的体验，以增强他们的自信，及时发现和抓住每个学生身上的闪光点，并对他们取得的点点成绩及时表扬。

正确对待学生的考试成绩。总分上相差三五分，与掷骰子的结果没什么区别，运气好就多考几分，发挥差就少得三五分。平时学生考试的卷面成绩只是对课本中某个章节内容在某个时间段的掌握程度的体现，而不是这个学生能力的全部体现。教师要帮学生找出原因、调整学习方法和心态，并鼓励他们坚持不懈地学习，树立起"天生我材必有用""我能行"的坚定信念。

（2）在赏识教育中调动学生学习英语的积极性

老师要有赏识的意识，不但要时刻注意表扬学生的精彩表现（即使是一丁点也要）。还要注意要有一种持续性的赏识意识，对学生的教育要有耐心、信心，让学生在教师的长期推动下更好地成长。

培养学生的自我赏识能力。首先，教师正面要教会学生相信自己，不要怀疑自己的能力。其次，教师要鼓励学生积极参与到各种活动中，让他们的能力得到更好的锻炼，使他们的才华得到更好的展示，并在活动中感受成功的喜悦。再次，在积极性的暗示中激发学英语的内在潜能。教师要常常对学生进行积极性的暗示，也就是在学生平常学习和生活中用一定的语言或行动让学生感觉到自己是很优秀的。最后，充分利用表扬，推动学生主动学习。记住表扬永远是有效的，不管是针对谁，因为表扬是一种推动力，而批评是一种阻力。所以"夸奖比责骂有效"。

5. 教学设计由知识的"继承"向知识的"创新"转变

长期以来，初中英语教学遵循固定的教育模式，这无疑给学生的终身发展带来隐患。那么，作为一名身负重任的英语教师，如何在课堂教学中培养出创新型的人才呢？

（1）转变教育教学观念，树立科学育人观

过去"以教师为中心，以书本为中心"的课堂教学模式束缚学生的发展，这要求教师转变教育教学观念：一切以学生的发展为出发点，以学生为中心，全面培养创新型、开拓型的人才。在教育过程中，教师的心里一定要有"人人都是可塑之材"的意识，要敞开胸怀去接纳和拥抱所有学生，让教育真正和谐。

（2）重视学法指导，培养创新能力

在新课程教学中，培养学生综合英语能力的方法有举办英语角、英语演讲比赛、英语晚会等学生感兴趣的活动。通过这些活动，尽可能多地让学生动脑、动口、动手和动耳等，从听、说、读、写四方面来培养学生的英语运用能力。

（3）引导发散思维，开创"用英语思维"的教学模式

实践证明，新课程英语课堂教学呼唤发散思维和英语思维，而学生的小组合作、探究、讨论、质疑并提出新异问题是训练发散思维的最好活动形式。因此，教师要充分地让学生进行大胆、合理的想象，积极探索求异，坚持独特见解。教师要善于挖掘教材中蕴含的创造性的因素，巧妙地创设情景，给予每个学生积极参与的机会，让他们运用自己所学的知识，开展创造性的对话交流活动，提高学生综合运用语言的能力。

（4）正确利用非智力因素，用心培养开拓型人才

正确运用非智力因素既是推动学生学习英语的动力源泉，又是培养创新型、开拓型人才的重要手段。在英语课堂教学中，可从如下三方面入手：

首先，关注学生的情感因素，营造一个和谐、民主、合作的课堂气氛。我们深知，消极的情感不但会影响学生学习英语的效果，而且会影响其全面和长远的发展。其次，培养学生学习英语的兴趣，是促进学生创新能力提高的灵丹妙药。孔子说："知之者不如好之者，好之者不如乐之者。"教师要充分利用学生感兴趣的东西去吸引他们学习英语。比如，多让学生观看英文电影和录像，举行各种各样的英语活动等都是培养英语兴趣的有效途径。最后，利用激励性评价手段，帮助学生树立学习信心。课堂上，教师对学生的点滴进步都应给予充分的肯定和表扬，鼓励并激发他们不断进取，勇于探索，从而使学生的听、说、读、写的英语综合能力得到全面提高。

（三）教学反思

教学反思以探究和解决教学问题为出发点，以追求教学实践的合理性为目标，以实现教师自身发展贯穿全过程，是"教学相长"的完美统一。在教学反思的实践中，教师可以借助行动研究的方法，把自己的教学实践与学生的反馈信息结合在一起作为一个认识对象进行分析，探讨与解决教学设计、教学过程中出现的问题，不断提升教学实践的可行性、合理性，促进教学效果、教学效益的提高，同时不断提高教师的教科研能力，促进教师专业化，锻炼教师自我发展和自身素质的提升。所以提高教师的教学反思能力，能够提高教师对教学进行积极主动的计划、检查、评价、反馈、控制和调节的能力，促进学生的学习。

反思为英语教学注入了活力，适应新课程改革的要求。教师因为不断地反思，学会用新的理念指导教学实践，在教学中不断形成个性化的教学模式；因为不断地反思，敢于怀疑自己，突破自我，学习研究别人的长处，在理念上找差距，在教法上找差异；也正因为教学反思，懂得了反思绝不是某个阶段的特殊任务，而是贯穿于整个教学生涯，小到一节课下来可以反思，大到一届学生毕业可以反思。反思激活了教师的教学智慧，能不断探索教材内容的崭新表达方式，体会创造的喜悦。

（四）英语教师今后的发展

首先，以知识为本的教育理念转变为以学生发展为本的教育理念，重新认识英语课程的目标和定位。长期以来，英语教学的目的就是使学生能考出好成绩，能有更多的优秀毕业生。这实际上涉及英语学科的目标和定位问题，主要强调的是英语学习的工具性目的，而忽略了它的人文性目的，忽略了语言在儿童、青少年素质教育方面的重要作用。

其次，教师要树立新的学生观。从这个意义上说，教师首先要转变角色，重新认识师生关系。过去，教师把自己作为中心，要学生围着自己转，认为教师是知识的传授者，而学生只是被动的接受者，甚至把学生当作记录教师讲授内容的录音机。而素质教育的精神则要求教师以人为本，以学生为主体，尊重学生的情感、个性、需要和发展的愿望。教师要放下架子，与学生平等相处，教学相长。同时，尊重学生中的个体差异，尽可能满足不同学生的学习需要。

最后，提高综合语言运用能力的级别和目标，对于教师来说，这具有很大挑战性。教学目标的综合性，要求教师要有综合性的素质和能力。教师综合语言运用能力的高低，直接影响学生综合语言运用能力的提高和新课程目标的实现。这个综合性的目标既包括语言知识和语言技能，也包括情感态度、价值观、学习策略和文化知识。因此，每一个教师都需要不断地提高自己的综合语言运用能力。一个英语水平有限的教师是无法为学生提供出色的教学的。同时，老师还必须学习新的知识，发展新的教学策略，研究如何帮助学生形成有效的学习策略和文化知识，通过英语课程促进学生良好态度和价值观的形成。

4

第四章

初中英语教学方法

第一节　初中英语词汇的教学方法

初中英语词汇教学是初中英语教学的最基础的内容。研究表明，一些初中生对英语学习逐渐丧失兴趣，与对英语词汇学习的不理想有关。而学生的英语词汇学习不够理想的一个直接原因是初中英语教师的词汇教学方法存在亟待改变的弊端。

一、当前初中英语词汇教学中存在的最主要问题

课堂教学观察表明，一些初中英语教师的词汇教学方法并不科学。相当一部分初中英语教师，尤其是一些农村的和边远地区的初中英语教师，由于信息的闭塞，至今仍然沿袭一些传统落后的英语词汇教学方法，致使英语词汇教学效率低下。限于篇幅，这里，分别就当前我国初中英语词汇教学和初中英语词汇教学存在的最主要问题进行讨论。

（一）初中英语生词教学脱离语境的现象仍然盛行

我国当前初中英语词汇教学所存在的最主要问题就是生词教学脱离语境。一些初中英语教师至今仍然采用机械、集中教生词的传统方法。他们在教授新内容时，总是习惯性地将新授内容中的所有生词集中进行词形、词性、词义和用法教学。与传统的初中英语词汇教学稍有区别的是，过去初中英语教师是通过板书来集中呈现生词的词形、词性、词义和用法（包括例句），现在则多半采用播放PPT课件的方式进行，因此与传统的初中英语词汇教学并没有实质性的不同。

其中，一些教师在教学英语生词（组）的同时也板书了一些用来说明生词（组）用法的例句，便以为自己的词汇教学做到了"词不离句"，体现了新的

教学理念。其实，这仍然是落后的传统教学的理念，它对学生英语综合语言运用能力发展起到的作用实在是微乎其微。

语言是社会人际交往活动的产物，语言能力只能在社会人际交往活动中形成和发展。人脑的记忆规律也表明，瞬时记忆往往是很不可靠的。真正稳定、可靠的记忆是依赖于反复的外部刺激的。"刺激"产生"反应"。

外部刺激最终会在大脑中留下印象，外部刺激频率的增加使得这种在大脑中留下的印象不断加深，进而形成较为深刻的记忆。这就是说，英语生词，无论是其词形、读音、词性，还是其用法，最终能否在学生的头脑中形成稳固的记忆，绝不是取决于一节课中学生的反复跟读、齐读和个别人读，而是取决于学生在英语学习和英语语言实践过程中是否能够经常性地受到这些词汇的刺激，更取决于学生是否有机会在语言实践过程中"用"（听、说、读、写）到这些词汇。

最后，初中英语生词教学究竟是集中教好还是分散教好呢？笔者主张还是应该分散在文本中教。以高度集中的方式进行英语生词教学，看上去可以一下子扫除接下来对文本学习和理解的生词障碍。但是，仔细推敲起来，这一教学行为是事与愿违的。打一个比方，将二十根筷子一次性折断，一定很困难。但是，如果一根一根地去折断它们，那一定是易如反掌的。

（二）初中英语生词教学流于形式的现象依然存在

初中英语生词教学流于形式的现象，从目前看来，还是比较严重的，甚至在一些大型的初中英语公开课、观摩课上，这类现象也存在。

初中英语生词教学流于形式的现象主要表现为以下两个特征：

第一，明知学生已经在课前预习、掌握了生词的读音和词义，教师在课堂教学中又进行教学。教师的英语词汇教学不应该继续停留于生词、词组的读音和释义的教学，而应该向深层次英语词汇教学方向发展。

第二，生词教学虽然是采用目的词语作为教学语言进行的，但是教师对英语生词所做的英文解释中又大量地夹杂着过多的生词，因而妨碍了学生对生词的理解。这就必然导致这么一种结果，即教师已经对英语生词的词义、用法做出了解释，但是由于其英语语言表达大大超出了学生的可接受的范围，因此教学过程还是流于形式，没有真正落到实处。

二、初中英语词汇教学的基本原则

在长期的初中英语教学实践中，我国基础英语教育研究人员和一些优秀初中英语教师对英语生词教学的基本规律也做出了十分有益的探索和研究，在这一过程中提炼和概括了一些值得遵循的初中英语词汇教学的基本原则。在初中英语词汇教学过程中，以下英语词汇教学原则应当作为最基本的原则。

（一）直观性原则

所谓"直观性原则"，就是教师通过直观手段进行英语词汇教学，而无须多做讲解。这些直观手段包括实物、图片、视频资料和以体态语为主要特征的非言语行为演示等。

这一教学原则的运用，主要是出于对词汇教学中具体词汇本身的特点的考虑。其原因有两方面：一方面，不少英语词汇本身的词义是很难用英语来对初中生解释清楚的，有时甚至会出现教师对英语生词、短语（词组）的词义解释越多，学生越迷糊的现象；另一方面，语言本身在本质属性上是社会人际交往活动的产物，这种在社会人际交往活动中产生的言语本身就具有约定俗成的特点，因而不需要过多的解释，语言的使用者在学习和尝试使用语言的过程中会通过"会意"来领会、掌握其语义和功能。

（二）情境性原则

所谓"情境性原则"，就是指初中英语词汇教学必须在具体的语言情境中呈现生词和词组，在具体的语言情境中教与学这些生词和词组。

孤立的单词不产生特定的词义。初中英语生词教学不可以孤立地进行，必须在具体的语言情境（简称"语境"）中展开。当然，必须注意的是，语言情境并不等同于一般的外部世界的场景，它强调的是，语言对于现象的表述或观点的阐发本身就构成了一个"话语场"。这种话语场的存在不仅为读者理解生词和词组提供了话语背景，而且对读者准确界定其意思做了范围上的限制。

情境性原则的运用，在两种情况下都是可行的。

第一，依托文本的语境，展开英语词汇教学。第二，在文本的语境不足以支持学生对生词的理解的情况下，教师应当自行创设语境，将所要学习的生词和词组置于所创设的语境之中，来帮助学生理解其意思。

（三）交际性原则

所谓"交际性原则"，即无论是英语词汇教学中的读音教学，还是词性、词义和词的用法的教学，都应该在师生话语交往活动中进行，而不可以在机械的认读和说教式的讲解中进行。

教师在初中英语课堂教学中花大量的时间领读生词和让学生齐读生词、分组读生词、个别人读生词，都是低效的教学方法。把初中英语课堂教学中的宝贵时间用在这些方面，即便不是一种浪费，也实在是一种奢侈。传统的初中英语教学效率不高的主要原因之一，或许就是英语教师把大量的时间用于低效的、呆板而僵硬的朗读训练方面。

全语言教学理论主张，语言是社会人际交往的产物，也只能在社会人际交往中被学会。人们学习、习得语言的过程，不是机械模仿的过程，而是不断感受外部世界的言语刺激，并在与外部世界的交往中不断体验、体会和加深理解语言、改进自我的话语表达，进而完全掌握语言的过程。因此，"在交际中学习交际"不仅是适用于英语句式结构、篇章结构学习的一条正确路径，也是适用于英语词汇学习的一条正确路径，因为对英语词汇的学习是不可以孤立地进行的。

（四）联系性原则

所谓"联系性原则"，指的是初中英语词汇教学必须在生词教学的过程中有机地将生词的教学与学生已经学过的一些同义词（组）、近义词（组）建立起联系，以发展学生用多种不同的话语表达方式来表达在语义上相同或相近的意思的能力。对初中英语词汇的教学，如果仍然抱着类似于初中英语词汇教学的态度，那么对发展学生灵活运用英语语言的能力是十分不利的。

教师在英语词汇教学中能否有效地引导和启发学生将本课所要学习的词汇与已经学过的相关词汇建立起联系，关键在于是否能够立足于文本的话语语境展开师生间的话语交流。

需要指出的是，初中英语词汇教学的每一项原则都不是孤立的，而是相互联系的，常常是共同作用于英语词汇教学之中的。在实际教学过程中，教师是不可以将其割裂开来加以单独运用的，否则就是形而上学。

三、初中英语词汇教学的方法

初中英语词汇教学除了需要遵循一定的基本原则，还要采用正确的教学方法。初中英语词汇教学的方法很多，这里无意做一个罗列，并一一讲解，因为这毕竟不是一本初中英语教学法著作。这里主要讨论初中英语词汇教学方法如何恰到好处地运用的问题。

（一）用旧句式教新词汇

就像要用旧词汇教新句式一样，用旧句式教新词汇也是词汇教学的必然要求。这是必须牢记在心的！一些初中英语教师往往对这一点缺乏应有的注意，以至于在生词（组）教学中又用了许多英语生词夹杂在教学语言之中来解释教材中的英语生词（组），结果学生很难理解生词（组）的意思，这种词汇教学行为有时甚至连事倍功半的作用都没有起到。

（二）对不同的词汇应该采用不同的处理方法

对教材中的不同的英语生词（组），要根据具体生词（组）的性质和在文本中的功能进行具体分析，并在教学中采用不同方法进行处理，而不能教条地采用某一种方法或某几种方法。

尤其要注意的是，在初中英语教材中，学生学习的文本变得越来越长，其中的生词也越来越多。如果不采取在文本学习中进行词汇教学的策略，词汇教学必将耗费课堂教学中的大量时间。

1. 对学生能够轻而易举理解的生词（组），教师不必教

教学的意义，很大程度上在于通过教师的教学行为，让学生把原先不明白的东西搞明白了。因此，在初中英语词汇教学这个问题上，教师应清醒地认识到，中学生（无论是初中生还是高中生）学习英语，都是有一定基础的。学生已有的英语学习的知识积累往往是能够对新的英语词汇的认知发挥作用的。换言之，并非所有的英语生词（组）都是需要教师去教的。

2. 引导、启发学生根据语境判断生词（组）的语义和用法

对能够通过引导、启发学生根据语境判断其语义和用法的生词（组），应尽量培养学生自主探究的能力来学习，而不可以由教师的"教"来包办代替，因为这是培养学生英语语言学习能力的有益做法。

3. 语块教学应当在词汇教学中受到应有的重视

语块教学法的生命力在于其关注了单词与单词因"聚合成块"而产生的力量，因为孤立的单词如果不放在相对稳定的英语词块中，那些单词在话语语义的表达上是无论如何也起不到语块表达的效果的。

第二节　初中英语语法的教学方法

一、初中英语语法教学目标及重要性

（一）初中英语语法教学目标

目前初中外语教材中，基础语法知识的教学主要安排在初中阶段，以句法为主，兼顾词法。初中各册课本都编有体现语法项目的句型，目的是使学生确立句子观念，学习句子的结构和用法，然后教师采用句型练习和总结语法规则相结合的方式进行教学。

初中英语语法教学应在全面了解英语的情况下侧重口语教学，尤其是日常生活用语使用要地道，尽量避免中国式英语的出现，并在此基础上对学生进行听、读、写的训练。新教材更是直接以日常对话形式进入语言学习：先听，了解说英语的人是怎么说话的；再学说，就像鹦鹉学舌一样，照葫芦画瓢。与此同时进行字母的读写教学，这时发音方法与拼读规则变得很重要，关系到以后的学习中能否掌握地道的英语。五级目标的掌握是一个循序渐进的过程，最后的目的只有一个，那就是学会使用英语，即形成初步的英语语言能力。也许学生并不知道英语有哪些语法规则，但是他们通过接触、模仿、练习，学会了使用语法规则。

（二）初中英语语法教学的必要性

1. 语法学习是学生终身学习的必要条件

掌握英语语法对于初中学生来说是学好英语的前提，语法是基础，是学习英语时最先掌握的能力，只有学习了语法才能在语法知识和语法能力上有所进步，如果对语法没有明确的把握，那么，学生的英语的学习就会陷入困境，无法在以后的学习中做到可持续发展。

2. 学习英语必须学习语法

语法的学习是学习英语的前提条件，学习英语就要产生对英语语法的兴趣，积极主动地学习，英语的性质决定了英语语法的重要性，只有通过语法才能传达英语的内涵。

3. 语法是掌握语言必用的工具

英语是不规则、不固定的一种语言，因此，语法的作用很大，语法可以将复杂的英语语句细化、分析成有规律的语句。语法的掌握是帮助学生学好英语的关键，语法的作用很大，语法包含着语言的功能意义，英语教学实际上也是英语语法教学，语法是学生学好英语的工具。

4. 教学方式决定了必须学习语法

如今，我国英语的教学方式决定着学生学好英语语法的必要性，语法的学习能够推动英语学习的进步，学生可以利用语法组织英语语句交流、互动，在语法的学习上不能一味地追求快和多，要根据学生的掌握情况和发展阶段进行语法教学。在英语学习过程中，很多知识学生是无法直接理解和掌握的，学生自身也要有一个学习和接受的过程，为了帮助学生学好英语，首先就要教会学生学好语法，帮助学生自主消化学习到的英语知识，可以利用归纳法、演绎法等方法。

二、初中英语语法的原则与体系

（一）新课程下英语教师的教学观念

随着社会的进步，传统的应试教育发生了改变，课堂教学不再只是老师教授、学生学习，更多的是师生之间相互了解、相互影响的过程，师生间共同探索新的知识，改变了传统的教学模式，学生的课堂主体地位不断凸显。传统的教学观念认为教学就是传授书本知识，教材的作用远大于老师，但是，现在的教学观念认为课堂教学是一个师生共同进步的过程，共同探索知识的内涵，形成教材、教师、学生、环境相结合的教学模式。教师和学生在课堂上与他人都充当着知识开发者的身份，形成共同学习、共同进步的新型师生关系。每一位学生都在课堂上相互交流、相互影响。由于每一位学生的生活环境、接受的教育的不同，学生间会相互学习，学生在同学和老师身上学到的知识和观念比教材的更多。传统的教学方式不再适应社会的发展，教材、教师、学生、教学情境、教学环境的融合是新时代的教学最好的方式。

（二）语法教学的意义

1. 培养交际能力不是不要教语法

交际语言知识是交际能力的组成部分，掌握语法才能掌握交流的知识，语法的掌握情况决定着交际能力水平的高低，语法的掌握是在交际中不断发展的，与他人进行交际活动可以巩固学习到的语法，在交际中不断提高自身的语法使用能力，这是一个相辅相成的过程。因此，我们在交际过程中，要学会使用语法，提高英语学习效率。

2. 从学习英语的目的来看，要学好语法

口语是学生在入门阶段必须接触的语言形式，学习英语不只是为了与外国人进行交流，还可以提升学生听、说、读、写的能力。因此在教学中，要注重对学生的阅读能力的培养，使学生在阅读的过程中，能够使用学习到的语法知识理解英语阅读的主要内容。语法教学的主要目的就是学好英语，而不是单纯地学会语法。学生没有坚实的语法知识作为基础，在英语学习的过程中就会出现掌握不好、不理解文章表达的意义等问题。同时，语法的学习不能成为学习的全部，还要帮助学生进行读和听的练习，英语语法学习不是死记硬背的，而是在进行英语交流时自然说出来。

学英语不是为了学语法，但借助语法学英语可以减少死记硬背之苦，语法是英语学习的拐杖。这是新课程给我们的启示。因此，语法教学除了沿用我国传统教学中合理、有效的部分外，必须做出调整、改进和创新。

三、初中英语语法教学的基本原则

（一）激发动机原则

动机是一切教学活动的保证，语法教学也不例外。许多学生都对语法缺乏兴趣，因此，动机的激发在语法教学中显得尤其重要。动机的激发应注意以下几点。

1. 选择适合学生年龄、认知能力和语言水平的话题

英语教学的内容选择要与学生的生活经历有关，在进行英语教学时可以组织一些英语活动，明确学生的兴趣爱好，了解学生对哪一方面的内容更感兴趣，这样可以吸引学生进行主动学习。

2. 创设情景

为了吸引学生进行英语语法的学习，在课堂上可以通过图画、幻灯片等设计一些颜色鲜明、内容丰富的情景，增强视觉冲击力，引起学生的学习兴趣。

3. 增加语法练习的开放性

传统的英语教学中，英语语法的练习都是进行固定的、机械的练习，这种练习很难引起学生的学习兴趣。自主、自由是人的基本需求，如果允许学生根据自身的兴趣、爱好开展学习语法的活动，那么，学生对语法学习的兴趣就会大大增加。

4. 形式和意义相结合

语法的学习要注重语法练习，语言的形式是语法练习的重要内容，语法练习的单一性降低了学生对语法学习的热情。语法的学习不仅是为了交际还是为了传播信息，实现信息沟，引起学生对语法的兴趣，积极参与语法练习，获得信息。

5. 充分体现个性化

为了满足学生的需要，明确学生的兴趣爱好，随着学生经历、观念以及情感的变化，学生的个性不断显现，教师要了解学生的个性，帮助学生找到适合自己的学习方式，在语言交流中明确交流准则。

6. 应使学生适度紧张

让学生有学习语法的兴趣，就要设计一些有难度的语法问题，激发学生的学习兴趣。学生更喜欢有挑战性的活动，让学生有一定的压迫感，学生就会自发地学习语法，教师只需要为学生提供一个机会，学生就会主动展示自己。

（二）交际运用原则

交际运用就是教师组织学生进行英语语法的交流，同学间使用英语交流，帮助学生正确使用语法，巩固语法知识，培养学生的语言表达能力，帮助学生能够使用英语进行交流，提升学生的语言实践能力。贯彻这一原则，应注意下

面几点:

一是教师应该为学生提供英语交流平台,在课堂上组织学生进行英语交流,充分利用课堂这一资源,培养学生的英语交流能力,在教课中多讲解一些生活中常见的内容,让英语学习真正做到为学生所用,在教学课堂中教师也要潜移默化地影响学生,例如,讲解、布置作业等活动时,多使用英语、讲解过的语法知识,以及英语的课堂用语。

二是改变传统的训练方式,在英语语法的练习时要明确话题内容,然后用复述、造句、写作等方式来学习英语语法。

三是增加自身的阅读量,学习到更多的语言交流知识,开展课外阅读活动。课外阅读也是获得知识的一种途径,课外阅读可以帮助学生巩固所学的语法知识,加深语法记忆,帮助学生了解各种语法的使用情景和使用方法。

(三)循序渐进原则

循序渐进原则是学生学习的基本准则,无论是学习语法还是学习数学等都是一个积累的过程,学生只有掌握好基础才能进行更深入的学习。知识的掌握是一个螺旋上升的过程,要想让学生学好英语首先要让学生建立语法知识和技能的体系。贯彻循序渐进的教学原则应注意以下几点。

1. 要注意所呈现的语法知识的条理性

英语语法的内容有很多,同一种语法包含的规律、条例、意思都是不同的,所以,在语法教学中不要把所有内容一次性传达给学生,要从简到难、从一般到特殊。因此,教师在教学的过程中要有规律,按照学生接受的程度进行教学。

2. 要了解学生的心理发展水平

不同年龄阶段的学生对学习的态度、知识掌握程度等有所不同,所以,教师就要制定符合学生发展规律的教学方案,对于高年级的学生可以传授难度较大的语法知识,对于低年级的学生则传授一些简单的语法知识,针对不同年级的学生制定不同的教学方案。

3. 要注意在初级阶段给学生打下扎实的基础

初中的学习就是在为以后的学习打下基础,所以,教师更应该注重语法的作用,改变教学方法,帮助学生掌握语法知识。

（四）方法多样原则

方法多样原则是指语法教学应采取多种方法。方法多样原则改变了传统英语教学的单一性，增强了学习的趣味性，传统教学中讲解规则、举例说明等刻板教学不再成为主要教学方法。如今的教学方法分为两种：一是多项语法、多种方法，英语语法本身有多种含义、多种用法、多种规则、多种功能，因此，传统英语教学的方法不适应于多变的英语教学；二是语法多种方法，一项语法的讲解，要从多个角度考虑，可以根据语法的特征进行意义上的分析和推理判断的训练，即使是单项语法，也应该通过多种方法进行语法教学。

（五）精讲多练原则

精讲多练原则就是教师要讲得少，讲得精，同时指导学生反复练习。语法教学要充分发挥教师的作用。学生是课堂的主体，教师是课堂的主导者，教师要充分发挥自身的作用，将语法知识准确地传递给学生，教师自身要有很高的英语水平，其自身的语法掌握情况影响着学生对语法的掌握，教师要明确每一个语法知识的含义和用法，了解每一节课的重点、难点，同时要引导学生加强语法练习，巩固语法知识，帮助学生理解、消化语法知识，做到举一反三，充分掌握知识，让知识成为自己的一项技能。教师组织的教学活动要符合学生的需求，在教学内容、教学目的上都要与时俱进。

四、初中英语语法教学目标体系

（一）初中英语新课程的目标

1. 英语新课程目标的体系

（1）语言技能

语言技能包括听、说、读、写四项基本技能，其中听和读是输入技能，而说和写是输出技能。听、说、读、写是人们使用语言交流的四种基本形式，语言交流活动是人们获得知识、进行信息传递的过程，人们在交际中进行思想交流。在语言技能上的具体要求：第一点，协调发展。在英语教学过程中，要对听、说、读、写这四项技能进行练习，四种技能相互作用，相辅相成。在英语教学的过程中，听是指能够听懂别人表达的意思，说是指与他们交流对话的能力，读是指阅读理解文章的能力，写是使用符号表达思想的能力。因此，在英语教学中要注重听、说、读、写的结合，但是，实际教学中，听说是共同教学的、读写是共同教学的，很少有能做到听、说、读、写的完美结合。

（2）语言知识

掌握语言基本知识，提高语言技能，就要做到以下三点：

第一点，发挥英语的交际功能。英语作为一种语言，具有交际功能，是现在常用的通用语言，英语教学的目的就是使学生能够在日后的生活工作中与他人顺利地交流，培养学生的交际能力，教学课堂也要符合这种教学观念，在课堂上组织学生进行课堂交流，强化语言技巧，为学生提供开口的机会，可以进行情景演练，模拟真实的交际场景，鼓励学生在英语交流中添加手势或者动作，加上表情，让语言表达更生动，这样的教学方式可以提高学生的学习兴趣，帮助学生大胆地交流，学会运用英语。

第二点，强调语言学习的全面性。在英语教学的过程中，学生要掌握语言知识和运用语言的能力。教师要注重对学生语言知识和语言技能的培养，这两个过程是同时进行的，要做到相互影响、相互融合，学生要勤于练习，做到学练结合，不仅要做到掌握知识，还要做到运用知识，老师要帮助学生掌握听、说、读、写的能力，让学生在课堂上进行语言交际练习，为学生创造语言交际的情景，让学生在情景和活动中学会交流和沟通，让学生真正学会使用语言，掌握和发展语言的能力。

第三点，训练方法多样化。在教学过程中使学生学会把机械操作、有意义的操作和交际操作进行结合。例如，机械操练就是模仿、记忆和反复练习，背单词、英语句型的记忆等；有意义操练就是将所学的知识灵活地运用，在指定的情景中进行模范式回答、复述等练习；交际性操练就是进行人与人的交流，学生将自己的实际情况和书本知识结合，传达自己的思想，谈论学习课文的体会，与同学进行交流、问候、打招呼等。上述的几种训练方式，是一个渐进的过程，学生不断地接近语言交际，能力也在不断提高。教师在教学过程中要灵活运用这三种操练方法，不断提高学生的水平和教学质量。

（3）情感态度

情感态度是学生在学习过程中产生的兴趣、动机、自信、合作精神等情感，这些情感影响着学生的学习兴趣和学习效果，学生在学习英语的过程中也会形成爱国意识，看世界的角度逐渐扩大，国际视野不断扩大。对同一种事物不同人有不同的感情，每个人看问题的角度都是不同的。感情能够影响一个人的行为动机，也是影响学生学习效果、学习动机的重要因素。在新课程标准中更加注重对人的培养，学生的学习兴趣和学习爱好、学生的品格教育和学生的心态教育。教师要充分利用学生的情感，增强学生的学习动机，调整学生的学习态度，锻炼学生的意志，使学生树立正确的学习观念。

2. 英语新课程目标的特点

（1）关注学生的综合能力

新课程的对象是全体学生，随着社会的进步，英语课程发生了改变：传统的英语课程更注重课程内容的严密性、完整性和逻辑性，而新课程更注重现实和教学内容的结合；难、偏、旧的教学课程不再是主流，新课程更加关注学生本身，学生的学习方式和情感倾向，新课程更注重科技与现代社会的结合。新课程注重学生的生活体验和知识的结合，吸引学生的兴趣，让学生热爱学习，帮助学生在现实生活中进行知识的获取和思想的传播，在交往中学到交流技巧和语言知识，提高学生的学习能力、动手能力和创新能力等，促进学生全面发展。

（2）以学生为本

英语新课程标准强调英语教学的人文性，体现了以学生为本的教育理念。英语新课程的主体是学生，教学的目标主要以培养学生全面发展为主，新课程更加注重人性化、科学化。传统的英语教学主要强调学习内容本身，重视学习的科学性、系统性、完整性，反而忽视了学生的身心发展，学生只能机械地、被动地接受知识，并没有得到身心的全面发展。英语新课程把学生作为主体，更注重人的全面发展，着重培养学生的创新能力，发掘学生的潜力，培养学生的兴趣，提高学生的综合素质，从而促进学生全面发展，使学生身心素质得到提高。英语新课程要求英语教学注重对学生进行全面教育，英语内容要对人的思维、性格、语言等进行正确的引导，英语教学要面向全体学生，做到因材施教，注重对学生能力、兴趣爱好的培养和发掘，培养学生主动学习、自主学习的能力，让学生拥有良好的学习习惯，会制订学习计划，培养学生的竞争意识、创新意识、世界意识和自我意识。新课程尊重学生在教学活动中的主体地位，教育活动一切以学生为主，帮助学生培养主动性、创造性。教学课堂的主体是学生，就说明在教学过程中教师对学生起着引导和帮助的作用，帮助学生进行实践活动和获得知识，一切教学活动，要围绕学生开展，以学生为中心，尊重学生的兴趣爱好，帮助学生提高自身素质，积极鼓励引导学生自发学习，亲身实践。尊重学生的创造性就是要求教师做到在学生获得知识过程中起到辅助作用，让学生在学习中发现自身潜能，塑造个性，培养学生自发学习自主学习的能力。教师在教学过程中，要了解学生的兴趣爱好，注重对学生个性的培养，尊重学生的人格尊严，尊重学生的情感，了解学生的心理情况，锻炼学生的意志，把学生的兴趣发挥到极致；教师要对学生抱有鼓励和关爱的感情，增强学生学习的信心，帮助学生全面发展，提高学生可持续发展的能力，尊重学生个体间的差异，面对不同学生要做到因材施教，处理好全面发展与个性发展间的关系。新课程英语教学面向全体学生，激发学生学习英语的积极性和主动性，为学生创造良好的学习环境，为学生提供发展的平台。

（二）新课程理念与语法教学探索

新课标下的初中英语语法教学要求教师转变教学理念，要根据不同的情况，根据学生的程度，根据教学的要求，采取不同的教法。

1. 面向全体学生，关注学生情感

英语新课程要面向全体学生，帮助学生打好语言基础，为他们的终身学习和发展创造条件。英语新课程注重对学生语言运用能力的培养，要求教师做到因材施教，了解学生的学习特点、兴趣爱好和认知特点，满足学生在不同时期的不同需要，培养学生自主学习、分析和解决问题的能力，帮助学生提高英语表达的能力，为学生提供良好的学习条件，创造英语交流的情景和条件，提高学生的逻辑思维能力和表达能力。新课程英语面向全体学生，有利于培养学生的自主学习能力，关注学生身心发展情况；教师也要学会换位思考，多站在学生的角度思考问题，避免学生产生焦虑和抑郁等负面情绪。

2. 突出学生主体，体现个体差异

学生的发展是英语课程的出发点和归宿。英语新课程的主体是全体学生，学生的全面发展是新课程的主要目标，课程的标准设立、教学过程、课程评价等都要符合学生的需求。老师可以依据新课程构建知识、提高技能，发展学生的兴趣爱好，带动学生的思想，培养学生正确地、科学地学习。在初中英语语法教学中，教师应遵守新课标的指导理念。由于人具有独特的个性，学生的思想和兴趣爱好都有所不同，这就是个性化，不同的学生对学习的态度不同，在世界认识、思维方式以及性格特点上存在差异，老师要学会因材施教，尊重一个学生的个性和差异，帮助每一位学生树立正确的三观，引导学生积极主动地参与到学习中，学会知识的使用和迁移，书本知识是帮助学生学习的工具，具体的知识还需要在老师的引领下进行发掘和创新。

3. 注重过程评价，促进学生发展

建立能激励学生学习兴趣和自主学习能力发展的评价体系。该评价体系由形成性评价和终结性评价构成。英语教学过程以形成性评价为主，以终结性评价为辅，注重对学生学习能力、思维方式、自信心的培养，引导学生学好英语知识，激发学生的学习兴趣和爱好。所以，在新课程英语教学中，教师要充分发挥评价作用，提高学生的交际能力，提高学生的文化水平，让学生的品德意志得到正确的发展。

4. 倡导体验参与

英语新课程的最大优势在于对学生实际练习的培养，改变了传统的英语学习方法，新课程注重学习的探索过程，如观察、体验、研究等学习方法，通过这些学习方法提高自己的学习潜能，激发学生的学习兴趣，注重对学生自主学习习惯的培养，提高学生的学习能力。教师要制定有特色的英语教学方案，为学生创造英语交流情景，使学生感受情景教学，引起学生对英语学习的兴趣，提高学生的学习效率。新课程为每一个学生提供了学习和交流的平台，让每一位学生都有参与的机会和学习的热情。

第三节　初中英语语篇的教学方法

初中英语语篇教学集英语语音教学、词汇教学、语法教学、篇章结构教学和语用教学于一体，也集英语听、说、读、写四项语言技能的培养于一体，因而是初中英语教学中最综合，也最重要的内容。语篇教学的成败不仅关系到学生英语语篇意识和语篇能力的提高，也直接关系到学生综合语言运用能力的发展，值得初中英语教师重视和研究。

一、初中英语语篇教学的概念

所谓"语篇"，即discourse。任何以特定文体整体呈现的语言材料的教学，在广义上都是语篇教学，如散文、诗歌、戏剧、说明文、记叙文、论说文、应用文等，也包括中国的对联。

在触及具体初中英语课文教学的内容时，有人往往认为只有那种典型的英语文章（passage）的教学才算是语篇教学，篇幅较短的语言材料或对话教学的语言材料不能作为语篇进行教学。这种看法是错误的。因为语篇的表现形式既可以是"书面语"（written discourse），也可以是"口语"（spoken discourse）。

二、初中英语语篇教学的主要任务和意义

（一）初中英语语篇教学的主要任务

如今的初中英语语篇教学与传统的初中英语课文教学在教学任务上是有明显不同的。传统的初中英语课文教学侧重于对课文意思的理解，同时又顾及英语生词教学、习惯用法的意思与用法的讲解和新的语法结构知识的教学（即

"语法教学")。而如今的初中英语语篇教学的主要任务则是：基于"任务型语言教学"的一般要求，以阅读语篇为基本形式，在培养和发展学生的英语阅读理解能力（获取信息、整理信息、处理信息、加工信息和运用信息的能力）和英语语篇阅读技巧的同时，使他们在学习过程中发展综合语言运用能力，提高他们的人文素养，增强他们的实践能力，培养他们的创新精神。

（二）初中英语语篇教学的主要意义

把传统的初中英语课文教学上升到初中英语语篇教学，这一教学要求的变化具有深刻的意义。经科学研究发现，初中英语语篇教学有着很重要的作用，语篇的掌握是英语学习中最重要的内容，语篇的整体性要求学生有联系上下文的能力，了解语境和语义，正确把握整体内容，在语篇分析中不能只看局部，这样可能会出现望文生义的现象；培养学生细心和判断能力，能通过语篇的主要思想推断出生词的含义；培养学生利用语篇的已知内容分析并解决问题的能力。如任务型阅读。

1. 有助于发展学生的英语综合语言运用能力

发展学生的英语综合语言运用能力是初中英语课程的基本目标之一，也是初中英语课程的最重要的目标。如果这一目标不能实现，其他方面的课程目标就会因为失去了目标的载体而难以甚至根本无法实现。正所谓"皮之不存，毛将焉附"。

以英语词汇教学目标为例，如果英语词汇教学仅仅寄希望于通过教师对英语词汇词形、读音、词性和用法的"教"来达成，那只能是一种幻想。离开了具体的语境，词汇教学目标是不可能达成的，而这个语境尽管也可以表现为师生话语交往活动的方式，但是，这种以口语表达为基本特征的师生话语交往活动，往往会因为缺乏稳定的书面语的文字材料导致在其学生的脑海中稍纵即逝。而有了语篇这个承载词汇的稳定的物质材料，学生则可以对其进行反复学习，从而实现温故知新。

2. 有助于发展学生的英语语篇意识和在语篇中组织语言材料、统筹篇章结构的能力

初中生的英语语篇意识和在语篇中组织语言材料、统筹篇章结构的能力的发展，在很大程度上直接依赖于英语语篇的学习。

3. 有助于学生在语篇运用中发展英语听、说、读、写技能

学生的英语听、说、读、写技能的综合、协调发展只能在语篇运用中进行。离开了英语语篇的运用，任何一种语言技能的发展都是纯语言技能的发展，而不是实际运用英语语言能力的发展。

4. 有助于发展学生的英语跨文化交际能力

英语语言文化，所指的不仅仅是那些显性的文化，如在向陌生人提问题以寻求帮助时首先要说"Excuse me"，或者在对某个事情做猜测性表述时尽量不要说"I think..."，而要说"May I think that...？"。事实上，英语语言文化远远不止如此。从广义上来说，英语语法也是英语语言文化体现的一个方面。

5. 有助于发展学生的人文素养，提升其情感、态度和价值观

语篇育人的功能是语篇创作与生俱来的功能。人们为什么要创作阅读文本？创作语篇的出发点和基本目的就是要教育人。在这一点上，古今中外的创作活动概莫能外。因此，初中英语语篇教学应当努力体现这一功能，而不能游离于阅读文本之外搞一些画蛇添足的东西来体现对学生人文素养的培养和对其情感、态度和价值观的提升。

三、初中英语语篇教学的程序、活动安排与实施建议

英语语篇的研究是十分复杂且漫长的，为了寻找英语语篇的规律，东西方的英语教学法研究者经过了多年的探索才基本发现了语篇教学的特点，并且为了帮助我们了解、学习英语语篇制定了语篇教学的基本原则，使语篇教学基本有了一个明确的规律，即要完整展开"阅读前活动"（Before-reading activities）、"阅读中活动"（During-reading activities）和阅读后活动（After-reading activities）。

（一）初中英语语篇教学的基本程序及其具体任务

1. 阅读前活动

"阅读前活动"是英语语篇教学的前奏和基础，对于建构语篇文本的内容和结构，对于对文本学习的铺垫，具有非常重要的意义。

"阅读前活动"的基本程序与各个程序的任务分别是：

Before-reading activities→predicting.

During-reading activities→reading for the main idea（s）.

After-reading activities→reading for specific information.

"阅读前活动"的"predicting"，就是指教师应当在正式带领学生进入阅读文本的学习之前，要组织学生通过分析阅读文本的标题来"预测"这个文本会讲一些什么方面的内容。

这一活动绝不是可有可无的，因为这是对学生英语语篇素养培养的一个重要组成部分，对学生今后的阅读效能的发挥有基础性作用。在如今这样一个信息爆炸的时代，各种信息每天都会以各种不同的方式与我们接触，其中大部分是文本阅读信息。阅读者如果具有看一眼文本标题就能预测文本有可能谈及的内容的能力，就能够对是否阅读这个文本做出决断，而看了阅读文本的标题却缺乏预测阅读文本能力的读者，只能看完全部或部分文本内容才能明白这个阅读文本究竟讲的是一些什么内容。

因此，初中英语教师在课堂教学过程中对"阅读前活动"中的"预测"要高度重视。

"阅读前活动"中具体活动的可选择性方式，不要求教师在英语语篇教学的每一节课都这么做，而是教师要根据具体语篇的实际情况有选择地加以运用。例如，某个语篇中的生词（组）很多，是否在"阅读前活动"中就非得先教生词（组）呢？也不一定。凡事都要针对具体情况做具体分析才行。

2. 阅读中活动

"阅读中活动"是英语语篇教学的主体，也是英语语篇教学的重心所在。

关于这一阶段的主要任务，归结起来有两点：一是通过阅读了解文本的大意（reading for the main idea/ideas），二是通过阅读获取文本的具体信息或细节性信息（reading for detailed information）。这一过程就是学生自主阅读、获取文本信息的过程。

这一过程能否取得预期的效果，关键在于教师能否在语篇阅读教学的不同环节中体现"任务型教学"思想和给学生布置切实可行的任务。这些任务可以是"找出关键词句"（Finding key words and topic sentences）、"根据语篇内容，判断句子的正误"（True or false sentences written on the blackboard to be checked，according to the text）、"在语篇中填写所缺的句子，或为一些段落挑选能够反映段落大意的句子"（Fill in the blanks in the passage with sentences，or match the topic sentences to some paragraphs in the text）、"代词的指代判断和生词的词义猜测"（Pronoun checks and guessing unknown words）等。

对学生进行语篇阅读能力的培养是十分有意义的，因为阅读者一旦具备了这种能力，就可以在将来的语篇阅读过程中基于对前半部分，甚至一小部分内容的分析来判断语篇内容接下来的走向，从而决定是否要更深入、细致地阅读接下来的文本内容，抑或立刻终止阅读。例如，阅读者一旦十分肯定正在阅读的语篇与自己的关系不大或者没有什么关系，即可放弃对这一语篇的阅读。

3. 阅读后活动

"阅读后活动"是整个语篇阅读教学的升华阶段。在学生通读英语语篇后，教师引导学生对语篇中的知识点进行整理和记录，着重培养学生的语篇学习能力和技巧的掌握，语篇中出现的生词和断句以及固定搭配等都要进行记录，不断积累知识，提高学生的文化水平和英语掌握能力，丰富学生的英语知识，培养学生的语言组织能力和信息收集能力，这种创新能力和学习技巧也可以应用到其他学科的学习中，可以提高学生的学习能力，有利于提高学生的人文素养。

"阅读后活动"可以根据不同体裁和题材的语篇安排多种多样的"任务型语言教学"活动，如"在小组或全班复述故事"（Retell the story in small groups or as a class）、"学生用自己的语言来表演故事"（Students act out the story，using their own words）、"学生自由组合，配对或分组讨论，并在此基础上改写故事"（Rewrite the story in their own words，preferably in pairs or in groups to encourage discussion）、"学生配对或分组讨论故事，讲出自己关于故事的看法、观点，还可以把故事的结局进行改写"（Discuss the story in pairs or small groups，giving their opinions of what they have read，or suesting different endings），等等。

"阅读后活动"还应该注意结合语篇教学的内容，对学生进行目的语（target language）的文化意识的培养。世界上的所有文化和语言都是相辅相成的，每一种语言都是文化的体现，每一种文化都蕴含着语言，可见，语言和文化是不可分割的一部分。因此，我们要想学会、学好一门语言就要了解语言背后的文化，只有了解了文化才能真正理解语言的内涵。

英语语言文化方面的知识在初中英语语篇教学中俯拾皆是，能否有效引导学生关注语篇中的英语语言文化，往往取决于教师是否具有相应的英语语言文化素养和英语语言文化意识。

（二）初中英语语篇教学的实施建议

针对从课堂教学观察中所发现的一些语篇教学的不当行为，这里，提出三点实施建议。

1. 建立对语篇话题的兴趣

帮助学生建立起对语篇话题的兴趣，意义十分重大。尽管作为教材文本的语篇教学具有鲜明的学科教学要求，即reading for course requirements，但是就一个人的阅读心理而言，reading for pleasure的阅读心理是普遍存在的。

2. 语篇教学过程要贯穿师生话语交往活动

在语篇教学的过程中，不可以是由教师唱"独角戏"，而应该是在教师讲读文本的过程中，通过师生话语交往活动帮助学生理解和掌握文本内容。同时，这种师生之间的话语交往活动既要围绕语篇学习的中心和重点展开，又要注意教师自身的话语表达力求体现信息的丰富性和话语表达方式的多样性，以便使话语交往活动中的话语表达更加丰富和生动。

3. 任务的下达要坚持由易到难

语篇教学的全部过程贯穿着一条由若干个任务相互叠加、环环相扣的任务链。在语篇的学习过程中，教师会布置难度不同的任务，随着学习的深入，任务的难度不断加大，这种由简到难的任务教学是一个循序渐进的过程，任务难度低，学生容易解决问题，有利于增强学生的自信心，缓解学生在学习中的紧张情绪，提高学生的身心素质，帮助学生学好语篇。

四、初中英语语篇教学应激活学生的"前语篇"

（一）"前语篇"学说有关论点的概述

"前语篇"这个术语，通常指的是一种刻意的动机：假装是在做某件事，而其本意是想做另一件事。前语篇的研究可以帮助我们了解语篇中词语的多重含义，不仅是单词本身的含义，还有单词在不同语境、不同场景中的不同含义，在读者、文本以及对话中，要根据社会文化背景明确词语的真实含义。我们对文本的理解要依据我们所掌握的语言知识和语境知识，而我们理解文本就要考虑社会文化背景和语言知识的结合，最重要的是，读者对前语篇的认识影响着对文本的理解。

"前语篇"包含了两个相关的概念：一个是交际进行之前（即语篇存在之前）为理解语篇而存在的不以交际双方意志为转移的客观状态；另一个是传统意义上的交际目的或动机。

不难看出，"前语篇"一方面是一个内涵丰富且不断发展的概念，另一方面这一概念也尚不完整和确切。因此，直到目前，学者们对这一学说也仍然存有争议，褒贬不一。

"前语篇"学说主张通过激活读者的前语篇，准确把握语篇的整体意义和对语篇中词语确切意义的推断与理解。前语篇在语篇中的作用很大，前语篇在文本中的语境是相同的，理解一个文本可以借助前语篇；对于语篇的理解也是对作者情感的理解，可以了解作者的情感活动；语篇阅读也是读者、文本和作者的交流，只是读者要从对话中发现问题、解决问题，提高自身的文化水平，这种前语篇学说有利于帮助学生理解文本，帮助学生进行推理和判断。

（二）前语篇学说如何应用于我国初中英语语篇教学

初中英语教学中，前语篇学说适用于语篇阅读的前期准备工作，在英语教材的编写和制定时，研究学者、专家要考虑学生能否理解和掌握知识，站在学生的角度思考问题，考虑学生的认知水平、英语基础知识、生活经历等自身条件能否帮助学生了解英语教材。也就是说，英语教材的编写要考虑学生的学习能力和身心发展情况，这也就加大了教材编写的难度，在教材内容的选择、加工上都要由简到难。前语篇的作用就在于，学生可能没有接触到英语，但是已经有了对英语的了解和认识，因此，教材中的内容要与学生的生活经历和社会文化相关联。综上所述，英语学习前的最重要的环节就是前语篇也就是学生的生活经历和生活体验。

在日常的英语教学活动中，一些英语教师错误地解读了前语篇的作用和意义，认为前语篇就是让学生听英文歌、看英文电影等活动，这种简单的前语篇教学活动对于学生来说作用不大，并不能激起学生对英语学习的兴趣。

"前语篇"学说可以指导和帮助学生理解语篇文本的意思，整体把握其大意，获取其中的细节性信息（detailed information），处理生词和新的语法现象，是"阅读中"教学的基本任务，在"阅读中活动"中具有较大作用。但是，这种作用多半体现在对文本内容的理解上。

在课堂上，教师引导、帮助学生学习了语篇文本后，可以制定一些关于语篇文本的问题和任务，来巩固学生的知识，培养学生的语言技能。但是，不要把教师布置的课后任务当作"阅读后活动"，学生进行课堂巩固和课后联系知识巩固知识的过程，与"阅读后活动"无关。"阅读后活动"要在任务设计上带有输出性训练，这种输出性训练有利于帮助学生理解、体会语篇的内容和主要思想，输出性话语训练也是以语篇为依据的，能适当增加语篇学习的难度，培养学生的细心和发现能力，提高学生的学习能力。

众所周知，作为英语教材的主体部分的英语语篇文本承载着育人的功能，对其学习的意义不仅仅在于对语言的学习和对语用的学习，更多应当体现在通过语篇的学习使学生得到了什么方面的（语言能力、情感、态度、价值观等）多大程度的发展，即"阅读后"教学活动，实际上应该是语篇学习的升华。

语篇文本的阅读对于阅读者来说是知识的获取和语言技巧的获得，阅读者在这个过程中获得了知识、经验和技巧，"阅读后"教学意在发掘文本的内在含义，词语的理解不仅是在本身的含义也可能是在不同语境中特有的含义，如果，在阅读后，学生对词语的掌握仍停留在最基础的含义上，那么这样的语篇教学就是无意义的、肤浅的。

前语篇学说认为语篇学习最重要的是了解词语在文本中的内涵，发掘词语的深层含义，根据上下文的语境了解词语的特殊含义，发现作者的动机，做到"言在此、意在彼"，提高学生的学习能力，帮助学生学会更高级的词语使用方法。初中英语教材中的含金量较高，对学生的影响很大，因此，在教学过程中要明确"前语篇"的作用，教师要引导学生正确运用"前语篇"。

5

分层教学法

第一节　分层教学的理论基础

一、分层教学法的定义

分层教学是一种差异化教学，教师根据不同学生的学习情况和基础知识的掌握情况，制订不同的学习计划。学生对英语知识的消化理解能力、学生的认知水平等存在差异，教师要做到因材施教，发现学生间的差异，尊重学生的发展规律，帮助学生树立正确的学习观念。分层教学还是一种个性化教学。教师根据学生的兴趣爱好、性格、特长以及思维方式等制订适应学生发展的学习计划，尊重学生的个性，帮助、引导学生发挥自身长处，将兴趣爱好培养成学生的能力或技能，不断提高学生的能力和水平。教育的本质是促进人的发展，培养社会所需要的人才。分层教学尊重了学生个体间的差异和个性，有针对性地对学生实施教学计划，促进学生全面发展。

分层教学能够帮助所有学生共同发展、共同进步，同时也注重学生的个性化发展，让学习成绩好的同学获得更多的知识和技能，让每一位学生做到"i+1"的发展，另外，学生的个性、爱好、特长得到了充分的发挥，学生能够积极主动地学习，提高自身的学习效率。

二、理论依据

（一）因材施教原则

"因材施教"这一词最早是孔子提出的，也是孔子在传教的过程中不断积累出的经验，孔子面对的学生有很大的差异，不同的学生性格特点不相同，学习的知识掌握程度不同，他面对这种情况对每一位学生实施不同的教学方法和教学手段，关注学生的差异，做到针对性教学，达成了弟子三千、贤人七十二的成就。教师要根据学生的差异，进行分层教学，适应学生的发展，满足学生的不同需求，将这种方法应用到英语教学中，有针对性地解决学生在英语学习中的各种问题，在教学中进行目标、教学设计，课外指导分层，根据学生的阅读能力、理解能力的差异，制订不同的教学计划，同时考虑到学生的全面发展的问题，不能出现好的很好、差的极差的现象。

（二）掌握学习理论

很多学生即使是努力刻苦学习也无法拿到高分，这主要是因为学生的学习没有一个明确的计划、没有得到有价值的帮助。因此，学生要想提高学习效率、拿到高分，就需要掌握学习理论。学生要保证自身每天有足够的时间进行自主学习，要将每天学到的知识进行巩固和复习，做到真正掌握知识。分层教学能够培养学生的学习习惯和学习兴趣，使学生在学习成绩上能够有一定的提高。将掌握的学习理论应用到英语词汇分层中，这种学习理论可以缩小学生间知识水平的差距，让学生了解分层教学的好处以及能够帮助提高成绩。教师要根据学生间的个体差异，发现学生在学习习惯和学习方法上的问题，有针对性地制订学习计划和从简到难的学习目标，再根据学生的基础知识掌握情况和学生的认知水平及知识消化能力来调整学习目标。这种学习理论为学生提供了足够的学习时间。要达到这些条件，需要教师的努力，教师要观察和发现学生的学习状况和差异，这样才能制订切实可行的学习计划。

（三）"最近发展区"

"最近发展区"理论改变了人们对传统教学理念的认识。"最近发展区"理论就是针对不同层次的学生发现他们的共同点来制定一些有共同特性的学习目标，在学习材料、学习活动和教学目标、教学方法的选择上有一定的共性，同时也能适应不同学生的需求，词汇教学就要更符合教学的内容，词汇教学要更符合学生的"最近发展区"，两种教学方法和内容做到相互影响、相互适应的状态，教师要根据学生的具体情况给予层次性帮助，帮助学生达到"最近发展区"的标准。这一理论可以帮助学生发掘自身的潜力，正确引导学生学习，激起学生的学习兴趣，使学生不断提高自身的英语学习水平，提高自身的文化素养。

在英语教学过程中，课程难度的高低影响着学生的学习兴趣，课程难度超过学生的"最近发展区"，学生很难完成任务，热情降低，积极性被削弱；课程难度低于学生的"最近发展区"，没有挑战性，学生很轻松地完成任务，会出现消极的心理。从上述我们已经明确了学生间的差异，那么，在制订学习计划和学习任务时就要突出这种差异，根据实际情况，制订最适合的学习计划，发现最适合的学生"最近发展区"，引导和培养学生的兴趣爱好，充分调动学生的积极性，让学生在实践中发现学习的乐趣，体会到学习带来的成就感和自豪感，保证自身可持续发展的能力。"最近发展区"理论要求教师做到因材施教，用不同的教学方式、教学手段指导和帮助学生，引导学生自主学习，培养学生良好的学习习惯，制定科学的学习方法。不同层次的学生获得的知识不同，学生对知识的消化、理解能力不同，这种学习方法与学习效果达到了一致性。

（四）教学最优化理论

这一理论是用相同的教学时间和相同的教学内容，使教学效果和效率达到最大化。这就需要教师对教学任务、教学方法有一个更好的设计和规划。在班级授课制的前提下，做到将学生甄别对待，做到既有整体的活动，又有单独的辅导。

教育教学最优化理论最先是由苏联教育家提出的，该理论认为教学过程最优化要充分考虑多种因素，如教学规律、教学原则、现代教学的形式和方法等一些内在基本条件。教学最优化的组织控制要在制定教学方案、教学效果的最大化的基础上，做到最少时间获得的最大利益，在教学最优化理论上教师也要有科学的教学计划，对学生的教育也要是正确的、科学的。

最优化教学理论认为，对学生进行区别教学是教学过程最优化的一个重要办法。最优化教学理论要求教师把学生的个性和全面的共性相结合，实现教学形式最优化的结合。区别教学不是简化教学内容，而是对不同的学生实施不同的教学计划，对不同学生进行区别帮助。除此之外，在最优化教学的过程中，师生处在同一位置上，教师的一切行为活动都要为学生的学习做辅助，一切的活动都不能影响正常的教学任务和教学计划，师生共同提高教学水平和教学质量。英语教学就是将知识基础、学习水平差距较小的学生进行划分，共同制订最符合其发展的学习计划，然后，教师要根据学生的学习计划、教材的选择等方面做到符合实际，以能够最大限度地提高教学质量，使所教的知识最能让学生吸收和消化。教师要尊重学生的个体差异，尊重教学发展的规律，关注学生的身心发展规律，了解每一个学生的特点和长处，因材施教，从实际出发，为不同特点的学生制定不同的学习目标，提高学生的教学质量，增强学生对学习的兴趣。

第二节　分层教学法的实施原则

一、坚持以人为本

教育直接面对生命，指向人生，所以教育最基本的出发点必须是人。一切教学计划都要坚持以人为本的原则，根据每一位学生的个性特点和性格差异制定切实可行的学习方案，实施教学的方法和教学策略都要根据学生的发展。在教学过程中，教师的自身文化水平和阅历丰富，而学生的阅历较少，知识储备量不足，学生看待问题的角度也很狭窄，学生对信息的获取较少，实时性较差，学生对新知识的获得和吸收能力较低。在分层教学中，教师要根据学生的实际情况制订相应的学习计划，尊重学生的兴趣爱好，保护学生的自尊心、自信心，教学任务、教学计划要从简到难，在教学中要让学生意识到语块的作用，教师要正确引导学生进行语块学习和研究。但是，如果教学课堂只是教师讲学生学这种机械的学习方式，则课堂缺少活力，学生处在被动地位，以人为本的教学理念没有得到体现。教师要尽可能为学生创造良好的学习环境和层次任务，调动学生的学习兴趣，让各层次的学生参与其中；学生要在课堂上提出问题，师生共同解决问题，充分发挥"以人为本"的教学理念。

二、尊重学生差异

每个学生的天生遗传因素、心理及情感因素和后天认知能力、学习技巧等截然不同。每个人都是独立的个体，教师在教学过程中要尊重学生的差异和个性，正确引导学生学习，使学生充分认识和理解自身的长处，不能让学生的差异化影响教学的进程和教学目标。一个班级内，学生成绩存在着较大的差异，这种问题的主要原因就是学生生活的大环境差异，学生的智力水平、身心发展状况存在着差异，教师要认真研究学生的学习兴趣和爱好，了解每一位学生的个性差异、智力发展情况，教师能影响学生的发展情况，教师要做到因势利导、因材施教，教师在教学过程中要有耐心，工作要细心，积极引导学生，激发学生的潜力，将差异化转化为资源。教师对于学生的评价要客观、科学、真实、分层，给予学生最公平、最科学的评价。

三、坚持循序渐进

运用语块法对学生进行词汇训练，取得成果，不是一蹴而就的事情。

教师是教育模式的实施者，逐步提高教师的素质才是推进分层教学的先决条件。教师的教学观念要与时俱进，教师要抓住一切学习的机会和途径，优化知识结构，基础教育的差异化教学对教师的要求很高。根据教育目标的层次来说，教学过程要不断进步，教师不能只停留在记忆和理解层面，教师要学会利用现在的科学技术，将教学内容融入信息网络，教学活动可以利用多媒体等现代化科技，通过新型的教学方式，让学生充分掌握语块，拓宽学生的学习渠道和途径，不断深化学生的语块学习的内容和技巧，学生要不断积累语块知识，明确语块的用法，进行一些系统化练习，如填空练习、补充句子等，做到熟能生巧。教师要培养学生的语块学习能力，多加巩固和练习，做到举一反三，让学生自动给语块进行分类，明确语块的知识内容和知识体系，了解语块的各种功能，清晰并且有针对性地进行语块学习，让学生能够在实际应用中使用到语块知识。

教师还要以身作则，躬亲示范。教师要提高自身的文化水平和素质，注重细节的引导，严于律己，为学生做好榜样，阅读授课过程教师要对语块有所了解，明确语块的大意和内容，分析语篇的内容大意，引导学生正确认识语块和语境的关系，让学生能够自然、流利地使用语块，将语块运用到情景教学中。学生能够掌握的语块知识越多，他的掌握就越好。分层教学不能只是一种理念，要将这种观念应用在实际的教学中，多数家长知识水平较低，不能对学生进行正确的辅导，学生的学习只能由老师教学和自己探索取得进步，因此教师要更加主动积极地帮助学生解决问题，加强与学生的交流和联系，老师要对学生的学习情况及时地做出反馈，并制订切实的学习计划。

语块学习从学生层面来说，主要有三点：第一点，学生要在心底热爱学习，发掘学习的兴趣和爱好，要摆脱环境的束缚，充分利用各种资源，拓宽自己的知识渠道，利用各种机会。学生要在教师的指导和帮助下，制订学习计划，树立正确的学习观念。第二点，改变不科学的学习习惯和学习方法，在学习前，学生就要制订合理的学习计划，提前预习，做好学习的准备工作，建立语块意识，在学习中，学生要主动学习语块知识，尝试理解语块的内容，做好积累和记录；学习后，学生要及时巩固语块知识，做好课后练习，能够理解并背诵语块知识，让语块知识真正应用到生活中，要实事求是，学生要自主学习，能够准确、精准地运用语块知识。第三点，学生是教学的主体。由于很多家长自身的文化水平较低，很难帮助学生进行语块的学习和指导，对学生的监督和管控比不上城市的家长。在学习过程中，学生要进行自身监督，树立正确的学习观念和学习意识。语块的学习是一个知识积累的过程，学生要经过反复的练习和学习，不断探索和创新学习的知识，老师要不断帮助学生解决语块学习上的问题，促进学生全面发展。

第三节　初中英语教学分层实践

一、分层教学实践分析

（一）学生分层

本次研究采用的是班内隐性分层，即在原有的自然班内，通过差异性教学来实现英语阅读的分层教学。相对于显性分层，隐性分层更加科学合理。教师在备课时，给不同层次学生设计不同的阅读内容、问题、活动等，使其掌握并运用所学的知识，不会给学生带来心理上的压力，有助于学生在潜移默化中得到提升，促进学生的自主学习。在类似的研究中，研究者往往只以某次测试成绩作为学生分层的依据，但这往往不能体现学生的真实情况或全面情况。学生之间的差异也不会单一地从成绩上体现。为了对学生的学习情况有一个比较全面的了解，提高分层的科学性与有效性，按照学生的语言能力和学习水平，可以将学生分成三个层次。A层：学习主动性强，有比较好的英语阅读习惯，能够有意识地使用阅读技巧，能根据语篇内容进行讨论拓展。B层：学习英语语篇时需要教师的引导，学生没有很好的英语阅读习惯，在阅读过程中不善于使用阅读技巧，能完成简单浅显的阅读活动。C层：学习比较被动，对英语语篇学习有一定的畏难情绪，基础知识薄弱，对学习不感兴趣，但愿意接受教师的帮助，逐渐提高语言水平。在研究期间，英语课会有别于以往的传统教学。包括学习目标和课堂活动在内的一切教学内容，都会根据学生的学习情况存在一定的差异性。学生需要在课堂中关注本层次的教学指令，尽可能达到教师的要求，有效地完成课堂任务。对一部分学生来说，在这种新的教学方式下，教师对他们的要求降低了，学习目标变得容易实现。只要在教师的引领下积极地参与，就会得到学习的成就感与满足感。总之，英语课的分层教学是让每个学生都成为获益者，达到共赢。

为了更好地达到教学目的，教师要提醒学生在课堂上听清教师的指令，完成本层次的学习任务。在有余力的情况下，可以挑战高于本层次的任务。所以，教师在制订教学计划时，应该顾及各个层次学生的需求和感受，做好每个层次的规划，同时让每个层次的学生都感受到教师的关注，这样就会消除分层过程中产生的教学消极影响。

（二）教学目标分层

教师在为学生设定教学目标时，既要关注学生的实际情况，量体裁衣，使教学内容、教学速度以及教学方法符合学生现有的知识水平，也要关注到学生的"最近发展区"，使学生的阅读兴趣、阅读技巧、阅读速度等水平不断向前推进，将"最近发展区"变为新的现有发展水平。

A层学生教学目标侧重强化和提高，因而可以设计一些发现、探究、讨论和解决问题的活动。教师要放手，鼓励学生主动学习、自主探究。通过讨论与体验，让学生从理解到掌握。注重培养学生的英语思维，将课堂中一些拓展性的问题和总结性的发言机会留给他们，以其知识综合运用能力为主。

B层学生的教学目标则聚焦于基础知识和基本能力的培养上，以完成教材以内的基础内容为主，适当增加阅读交流的活动。着重培养这部分学生的基础知识和基本技能，教师可以讲得多一些，学生可以练得勤一些，教授学生使用阅读技巧。同时教师帮助学生向独立思考过渡，提高他们的理解能力和阅读水平。

C层学生的教学目标主要是让学生在学习过程中对英语产生学习兴趣，不急于要求他们有明显的进步，将要求降低，在学习中以语言知识为主，先清理生词障碍，让学生有读下去的愿望，对他们的进步及时做出肯定，逐渐进入语篇学习。总的来说，就是人尽其才，因材施教，并在此基础上让学生有更大的发展空间。

（三）训练分层

在教学过程中，教师让学生完成同一学习任务，但在难易程度上实行分层。教师可以将几个细节性问题布置给学生，根据问题的难易程度来选择不同层次的学生回答。当某一项学习任务不适合所有学生同时完成时，可以选择在同一时间向学生布置分层的学习任务，让学生在课堂上能够学到自己所需要的并且能够胜任的内容。

由于学生接收信息时对听觉、视觉和触觉的偏爱程度不同，导致他们的感觉通道形成差异。因此，教师要调动学生的多重感官，并充分借助声、形、图、动画等多媒体技术的优势，通过听、看、讲、想、做、动、静相结合的教学方式，满足不同学习风格学生的需求。与传统教学相比，分层教学具有较大的优势。首先，教师由课堂的主讲地位变成了主导地位。在传统教学中为了完成课时，不管学生对该知识点已经掌握还是难以掌握，教师都按部就班地完成教学任务，学生也从被动、机械地接受变成了课堂的主体。根据掌握学习理论，学生在课堂上都有自己可以胜任的学习任务，乐于参与课堂，完成学习内容。在不断的积累中，不仅英语阅读变成了一个充满挑战和乐趣的事，同时学生的总体成绩也有了一定的提高。因此，分层教学与传统教学相比，是一种更适合学生发展的教学方法，在实践中有其突出的优势和可行之处。

英语阅读课上的分层教学已经体现了其优越性，它提升的不仅仅是学生的成绩，学生对阅读的兴趣、信心、技巧等也在提高。由此可见，分层教学对英语阅读教学有良好的促进作用，有确实的可行性。尤其在以下几个方面有明显作用：

第一，在英语阅读中实施分层教学，能够给每个层次的学生均衡的关注和尊重，改变了传统教学中学生因害怕被问到难题，对阅读学习产生抵触心理的不良状况。学生在学习时，得到更多的是成就而不是挫折。在课堂上有更多参与的空间而不是被冷落。学生体会自我价值实现的时候，就会有更多的学习热情和积极性。

第二，在英语阅读中实施分层教学有利于提高阅读的效率，让阅读课面向全体学生。在研究期间，学生对英语阅读的兴趣有所提升，从从前只是把阅读当作一项枯燥的学习任务到现在乐于去挑战自己能够胜任的阅读活动，学生对阅读的态度从被动到主动，在一次次的成功中找到了自信。随着课内外阅读的积累，学生的阅读速度也有了明显的提升，提高了阅读的效率，许多学生已经养成了有意识地使用阅读技巧的习惯，能够判断文章体裁，能够根据标题或插图预测文章大意，能够使用跳读等技巧寻找所需要的信息。

第三，在英语阅读中实施分层教学可以增加学生阅读量。用课外阅读材料加以补充，同样以分层的原则向学生布置任务，并人人使用摘抄本，将频繁出现的生词和优美的句子进行摘抄、积累。阅读材料的内容与时俱进，贴近生活，让学生既保持了阅读的兴趣又在阅读中有所收获。

对学生的分层应适时调整。由于学生自身的认知水平有限，无法准确判断出自己学习上的变化，也无法预测自己的发展潜力，所以教师需要帮助学生找出他们各自的"最近发展区"，从现有水平发展到更高的水平，长此以往，形成良性循环，促使学生的英语阅读水平持续提高。教师可以对学生的课堂观察和测试成绩做好记录，以便及时有效地发现学生在阅读学习中的变化。对于在一段时间都能胜任本层任务的学生可以向上流动一层；同样，如果在一段时间内没有达到本层标准的学生，可向下流动一层。这样既鼓励了学生学习的积极性，又提醒了成绩下滑的学生。

6

第 六 章

合作教学法的应用

第一节 合作教学法的文献研究

一、合作教学法的提出背景

（一）新课程改革理念和实践研究需要

随着经济的发展，科技的进步，社会生活不断提高，我国对高素质的人才需求不断加大，与传统的教育不同的是，现在的人才需求追求德、智、体、美的全面发展，社会的进步要求学校为社会提供更有专业性、综合能力更强的人才。因此，社会各界对教育的关注度不断提升，社会对学校的重视程度在不断加深。对于人才的培养，学校要创造更多的条件：政府要加强对学校教育的干预，政府要帮助学校，促进人才的教育和培养，为学校提供专业的技术人员和资金支持，政府要制定相关的政策法律法规等，帮助学校培养人才。社会对人才要求不断增加，政府要对教育有正确的、科学的指导，在新时代的背景下，教育体制要进行创新和改革，教学体制要进行改革，传统的单一的教学模式已不能满足现代社会对人才的需求，学校要改变传统的教学模式，实行自主、合作、创新、协助等教学模式。教师在学生成长的不同阶段都要注重学生的全面发展，更注重对学生素质和能力的培养，不断创新教学模式，改变教学方法，提高自身的文化水平和教学能力。学校要引进优秀教师，增强师资力量，为社会培养优秀的人才。

在实际的实践与操作过程中，任何有效且具有高实践性的教育教学模式都会受到一致的欢迎与期待。实际教学中，怎样将理论教育与实践联合起来，如何达到实践效果最大化，则是最为根本和困难的问题。经过近年来的探索与琢磨，人们发现，小组合作学习作为一种新型且执行效率较高的教学模式，基于其理论与实践结合的有效组织，在教育教学中被广泛关注，并逐步被推广运用。改变传统的教学方式，实行转换课堂，转变传统的授课方式，在课堂上实现师生的良性互动，改变教师讲、学生听的机械式教学。学生是教学的主体，学生要在课堂中发挥主体作用，学生要积极参与到课堂教学中，学生间也要积极地互动。

（二）对初中课堂小组合作学习问题的思考

在教育改革中，小组合作学习模式备受关注并广泛运用于各项实践操作。合作学习是近十几年最重要和最成功的教育改革成果。因此，在初中教育教学中，小组合作学习的目的即通过该模式运用，培养出具有能动性、探索性及独立自主性的学生。通过自主学习和帮助学习，引导学生培养自己的学习习惯，有自己的学习兴趣，并在摸索和探索中逐渐发现并找到适合自己的学习方式；帮助学生通过有意识地优化与取舍，实现在学习中树立学习自信心，树立独立自主性，成长为有解决问题能力并能够合作协助，具备专业素养的优秀学生。

从实际情况出发，在我国目前的初中教育中，小组合作学习被广泛运用于教育改革，但因小组合作学习自有模式的动态化发展过程，其执行对象——教师和学生的专业素养与综合素养的不同，因此，在相同场景下其实际执行效果也存在一定的差异性。在小组合作学习开展中，必要条件是一定的硬件条件的支撑，即学校或单位组织给予基本支撑，让小组合作教育可行。除此之外，就处于初中阶段的学生而言，该阶段学生个体特征和个体差异较大，同时因为小组合作学习开展的支撑需求，要求教师除了具备高质量的专业知识储备外，还需要具备一定心理学、社会学知识储备，具有掌握全局的能力，能够有效牵引课堂发展。

二、合作学习的定义

合作是人类社会发展的基石，而在现代社会的发展潮流中，更离不开合作与协助。就合作定义而言，合作即个人之间、小组之间、群体之间为了达到共同目标或者实现共同愿景，建立的一种互助推进模式。通过相互之间的配合和帮助，单位或者群体一起实现目标。而在教育模块下，合作可以理解为在教育教学的授课学习互动过程中，教师与学生、学生与学生之间多维度、多路径、多方向的互动与帮助。通过这一多触点模式的深入优化，最后达成学习目标，使学生学会相互帮助，学会取长补短，学会锻炼各自优势，从而实现群体全方面地均衡锻炼各项能力，最终实现群体的共同进步。就合作学习而言，其为互动推进式学习，从其参与的主体、实现的方式，包括后期达到的效果出发，又可以将其定义为升级优化学习。

从学习过程的互动性角度出发，在教育理论的研究和实践中，合作学习是最广泛和最有成效的领域之一。该领域的应用成果能显著且实际地推进社会的进步。合作学习基本条件为学生能够在小范围内进行合作。这意味着通常情况下小组成员之间不再执行独立策略，而是通过有意识的互相帮助，执行有条理的学习模式，最终达到对自身和他人的学习提高与优化，同步升级促进学生的学习质量。在这一互动合作过程中，合作学习模式督促学生在学习中互相帮助，潜意识地推动学生成为主动的学习者，由被动接受式消化转化为主动创造式的探索过程更是后期教育教学思维的拓展关键。

从合作学习的教学策略体系出发，合作学习的前提为在异质中获得同质进步，即学生个人虽然在异质小组环境中学习（异质主要指学生个体间存在的显性和隐性差异），通过互助合作方式，最终达成共同的学习目标，实现同质进步。而对学生个人的评估，不同于考试成绩的100%占比，将小组总体成绩作为评价或者奖励的重要依据，也是教学策略的建议和意见。

合作式学习是以小组的形式完成一项共同的任务。其中涉及在组长的直接指导下，在教师的间接指导下，小组组长和组员相互督促从而共同收获。小组长需要以教师布置的任务为基础，并根据组员的不同特点，根据组员的不同知识积累，有条理性地、合理分配任务；而在完成任务过程中，学生经过独立思考然后进行交流，彼此分享并最后通过团队协作完成学习任务。

所谓合作学习，就是指课堂教学以小组学习为主要组织形式，根据一定的合作程序和方法，促使学生在异质小组中共同学习，从而利用合作性人际交往促成学生认知、情感的教学策略体系。该研究重在剖析以学生自有的人际关系为基础，以期实现教研成果，强调了学生的软件条件的重要作用。除以上研究角度外，从合作学习广义定义出发，合作学习指的是学生以小组为单位进行学习的一种学习方式；合作学习是学员为达到一定目标而在小组中共同学习的学习方式。其研究重视互助和目标达成。

从教师对小组合作学习的认识角度出发，一些教师对合作小组缺乏相关的正确认知，这将导致小组合作学习中出现形式化、过场化的情况。在实践过程中，学校及相关单位需要对教师进行集中化培训，包括专业培训和技能培训；同时，教师需要主观认识合作学习的可推广性和持久性，加强实际教学中的课前准备，从而较好地实现该模式的应用，最终实现教育教学事业的发展。小组合作学习，首先，需要进行合理的分组，根据小组中各角色定位以及人均参与度的因素，确定小组人数一般为4~6人；其次，需要确定小组长角色，并提出相关的选举标准；最后，需要重点培养小组学生的表达能力和倾听能力，重视其基本素养的培养。相互交流是小组合作学习中不可或缺的一部分，这其中不仅仅包括学习过程的交流、遇到困难时的沟通以及学习思考的分享。交流的过程不仅仅是为了顺利完成小组共同的学习任务，更是为了每个成员在完成自己的任务外，能够相互学习成员间思考问题的方式、解决问题的方式、塑造成果的方式等。

第二节　初中课堂小组合作学习的现状

一、小组合作学习流于形式

在小组合作学习中，如果教师、学生准备得不充分，或者只是依照前期经验进行简单课题准备而不进行实质内容的更新，将导致小组合作流于形式，甚至在一定程度上存在虚假合作的情况，即小组合作学习时，学生间并没有就学习内容进行探讨，并没有深入学习课题，而是交流其他问题或者只是照搬原来的学习内容，并没有实现教学质量的提升。

在小组合作中，未进行课堂前准备、未提前思考课题，将导致本次课程更多是基于现场的临时发挥，部分学生根本没有参与学习，课堂时间也没有被充分利用等情况，最终造成时间浪费并降低课堂的效果。而小组最终任务的完成也几乎是小组个别学生完成的，并不是通过集体合作来完成的，未参与的学生几乎没有收获，导致小组合作学习并没有达到提升学生成绩的效果，最终导致小组合作学习形式化。

二、学生小组合作学习效率低

在小组合作学习中，教师需要对学生的合作技能进行专项培训，包括培训学生的沟通技能、解决问题技能、处理矛盾技能等。而在实际执行过程中，在学生学习行为中存在一些依赖行为，如依赖小组长进行答题，依赖队友做出正确选择等。而产生依赖的学生根本没有学会如何通过合作实现自己的学习进步，长此以往，因为依靠别人而无法自立，导致更严重的恶性循环。欠缺合作技能的培养，会导致学生合作效率低下。学生对合作的认知，影响其是否有效合作。没有合作意识的学生，往往更加依赖优秀学生。这样的学生在未进入学校时，一般依赖父母或者兄弟姐妹，进入学校之后，在同学之间的对比差异中产生对优秀学生的依赖，其选择和决定几乎都参照优秀学生的执行方式。而从小有合作意识的学生，家庭教育让他们对自己有严格的要求，后期学习中通过强化与实践演练，更能够做到独立自主并具有明显的合作意识。

第三节　初中课堂小组合作学习效果提升的具体实践

一、有效的小组合作学习实践过程

（一）合理分组

根据"组间同质，组内异质"的原则，要求教师在分组前对全体学生做全面细致的了解。首先，为了实现组与组之间的公平竞争，教师需要保障每个小组之间的整体水平可以大致持平，即避免个别小组过于优秀或者个别小组过于弱势的情况；其次，在组与组同质下，为促进学生提升合作及交际能力，教师需考虑学生的性别、学习基础、现在的认知水平以及学生的性格特点、语言表达能力和个人才能偏好等，然后将不同个体编入一个组，从而方便执行过程中小组成员间的取长补短；再次，在小组任务分配时，为提高合作学习的有效性，充分调动学生的积极性，教师或小组长要确保每个学生均有其专属的任务，即每个学生都会承担一个角色供其发挥；最后，在实际合作时，组长需有能力负责全组讨论走向及进行时间控制，并根据动态实时分配组员的任务及发言机会，协调小组学习的进程，最终实现小组整体的有效运作。

（二）小组组长培训

在小组合作学习中，小组长起着至关重要的作用。不同于教师对全班小组的掌控，小组长对本小组直接负责，小组长也是实时参与小组动态化进程的直接人，因此对小组长的素质技能需要有较高的要求。在实践过程中，小组长需进行组织岗前培训，包括专业培训以及各种职责培训，涉及小组组长权利、责任、义务，小组组长组织、管理、监控、引动等。

在进行正式分组以后，教师需召集所有小组长进行集中培训，具体包括小组长在合作学习活动中的具体分工、对小组纪律的要求、小组成员发言规则的确定，小组讨论时组长监督和掌控，讨论结束后小组长总结等基本的责任。

（三）小组角色安排

1. 教师角色安排

教师在整个活动开展中担任总指挥的角色，教师需要布置合作学习的任务，并在实践过程中指导学生，不定时巡视各小组讨论情况，密切观察各小组讨论的内容以及交流沟通的进度，及时发现需要帮助的小组并提供实质性帮助，指导有困难的小组开展活动。此外，教师需要监督小组长定期反馈相关情况，指导鼓励学习困难的学生。教师要在课堂所有活动中能全面把控，充当好组织者、帮助者和监控者角色，并及时给予学生积极的评价，使其体验到成就感。

2. 小组长角色安排

小组长角色在小组中不可或缺，是教师的左膀右臂，他们需要根据教师布置的任务，按进度开展本组讨论及学习活动，并定时检查小组成员的学习、收获情况，汇总后向教师反馈本组完成任务的进度，总结学习的优势与劣势，向教师反映真实的实践情况，同时做好向本组学生展示的工作，让本组组员知道其余小组成员的进度，了解个人贡献在本组工作中的占比，同时对有困难的同伴进行帮扶和指导。

3. 小组成员角色安排

小组成员是小组合作学习的基本单位，也是直接参与者。小组成员需要根据安排完成自己的任务，并在实践过程中团结其他小组成员，与其他小组成员互帮互助，共同交流以完成相关任务。

（四）呈现合作目标与任务

小组合作学习中，在确定小组、完成小组长培训、完成小组角色定位后，教师需要帮助各组呈现其合作目标与任务，具体包括：帮助小组确认教师布置的学习任务，确保小组完全理解本次活动及需要达到的效果；帮助小组成员意识到各自需完成任务中自己所承担的角色，并能够准确无误实施；明确小组合作学习的动态进度，建立阶段性成果反馈的机制和模式；根据小组合作计划和自己所承担的角色，帮助小组制订个人计划，要求学生以明确的学习任务为核心进行准备，避免小组学习的随意性。

（五）小组讨论

小组讨论遵循的基本规则是组员间独立思考，然后再轮流发言。即拿到小组学习任务时，组员首先需要进行独立思考，从不同维度思考该问题并准备各自的发言材料；在思考结束准备发言阶段，遵循轮流发言机制，要求小组成员有独立自主的发言权。在一个成员发言时，其余小组内成员需要做到认真倾听并进行记录。

在小组发言之前，教师需要创设宽松、和谐的讨论氛围，让学生意识到每一个成员均可进行平等的讨论；在小组实际讨论过程中，需要充分调动学生的积极性，鼓励所有学生主动参与小组讨论，同时如果教师在场，需要客观并积极地评价学生讨论中的表现，分析其讨论结果，充分肯定学生的自主发现，注重培养学生的成就感和主动学习的精神；对于不够积极和态度不认真的学生，则需要有意识地对他们进行指导，找到合适的切入点，引导其进行讨论。

（六）展示成果

在小组合作讨论中，小组成员需要做到实时记录，方便后期成果展示的整理以及反馈。因此，小组合作讨论后，在共同完成小组任务后，各小组需要选出一名代表（该代表不限于小组组长），向教师和其余小组汇报本组的讨论结果及各项细则，必要时候可以通过情景演练进行专项展示。展示的形式不限，有口头表达、黑板板书、作文写作等形式。

（七）评价

1.学生自评与互评

每个同学给自己和其他组员打分，分数为1～5分，视表现情况打分。评价表每周一汇总，小组长统计得分，评出若干名周英语之星。周英语之星可减免作业一次并在家长群通报表扬。每个月评选出四个月英语之星，月英语之星可减免作业两次、家长群通报表扬并奖励精美签字笔一支。期末汇总是从月英语之星中选出学期英语之星若干名，在家长群通报表扬、奖状一张、英语词汇书一本，还可邀请家长来校颁奖。

2. 教师评价

教师给每小组评价并打分，根据小组课堂表现、结果汇报或比赛进行打分，评价表每月一汇总，班长统计得分，评出优秀小组。优秀小组成员可减免作业一次、在家长群通报表扬、奖励精美笔记本一本。期末汇总是从每月优秀小组中选出学期优秀小组，在家长群通报表扬，每人奖励奖状一张、英语词汇书一本。

二、有效的小组合作学习实践案例呈现

第一步，任务布置。单词的学习包括单词的发音、单词的理解、词性理解、名词的单复数、动词的三单形式和过去式变化规则、形容词的近义词和反义词等内容，这也是单词学习的基本内容。

第二步，小组合作学习。小组需要共同完成教师布置的任务，即包括以上的板块。在这个过程中，教师要在教室来回走动，把控整个课堂纪律并掌握实时进度，适时对小组提供帮助。

第三步，任务检查。首先，教师随机从几个小组里抽出一个组员读单词。在这一环节中，可多选择英语基础相对薄弱的学员，这是为了实际检验学生的学习效果，对于该部分内容，学生的学习效果差异最大。就评分来说，抽中组员读单词的准确率如果达到要求，则得1分。采用该种方法能够鞭策每组组员积极学习，减少因不努力导致团队未得分情况出现。与此同时，该方法也变相地促进了学生间交流，即优秀学生帮助其他组员进行纠错。其次，教师用PPT展示几组图片，要求看图说单词。该环节也要求教师随机抽选小组组员，如答案符合要求，其小组可获得1分。最后，检验对单词的理解，要求学生看句子并填写单词。检验办法依然是教师随机抽取小组的组员，表现合格者的小组可得1分。在这个检验环节中，要求教师能够适时做出补充，解决学生遇到的疑难并做出相关解答，同时对表现优秀的学生进行及时表扬和鼓励，对未有正确答案的学生进行正确的评价。

经过以上过程，学生基本完成了单词学习，且通过三个环节的审定，基本每个小组都能有一次机会作答，保证了公平性。

三、合作教学活动的积极作用

（一）能激发学生的学习兴趣

合作学习能够显著激发学生的学习兴趣，提高学生学习的积极性。通过有效小组合作学习，合作模式的动态化能够增强课堂的趣味性，将原来传统教育模式下的"一言堂"转变为以学生为主的自主学习、合作学习。学生教学地位的变化使学生间的学习氛围、课堂教学风格焕然一新。通过有效小组的合作学习，小组成员之间可以进行无障碍的交流，在一定程度上进行变相的争论和探讨。这不仅仅满足了学生表达自我的需求，也符合初中阶段学生偏向于语言沟通的年龄发育特点。

（二）能提高学生的课堂参与度

合作学习将原来作为一个整体的班级划分为若干小组，要求小组与小组之间相互独立。但小组成员与成员之间需要相关依赖，即成员间分工合作、共同完成任务。小组为了更高效地完成学习任务，成员均选择主动积极地投入小组合作学习中，参与讨论并积极思考，直观地表达个人建议，并踊跃举手展示本组的学习成果。在这种模式下，班级的每一个学生均有参与课堂活动的机会，也变相提高了学生语音能力、沟通能力、表达能力以及思考能力等。相比传统的教学方法，合作学习的目标是真正地把课堂还给学生，弱化教师曾经单独主导的地位，强化教师现在的指导性地位以及学生的主体性地位。开展合作学习也一改传统课堂死气沉沉、学生无心听讲的面貌，呈现出更加生动、活泼的良好课堂氛围，而这也符合新课改的整体要求。当然，学生的全面发展离不开学生主体的参与以及学生发展所处的和谐、良好的氛围。

（三）能提高学生的合作意识与合作能力

在小组合作学习中，学生需要为了完成共同的目标和共同学习任务而进行合作与交流，这得益于合作学习过程中对小组角色的定位。而角色定位也要求各角色需要充分发挥自己的独立特性，即促使学生与自己组的组员进行合作，而不再是单打独斗，独自完成相关任务。在这一过程中，学生可学会如何与其他人友好相处，学会在不同意见下如何中和相关的建议和解决办法，无形之中会培养出学生的合作指导意识，并发展相关的合作技能。另外，基于评价机制的完善，学习任务要求每一个组员都能够达到既定的学习目标，在此基础上再完成小组任务。因此，小组内部就会形成互相帮助、互相监督、互相激励的氛围，这也更加促进合作技能的发展，能够培养学生的合作精神。简言之，教育不单单是培养学生的专业技能，更要培养学生的个性化发展，促进学生的社会化发展，使其懂得合作共赢，这也体现了发展学生核心素养中的社会参与方面的要求。

（四）能提高学生学业成绩

实验班与对照班成绩数据对比分析表明，合作学习能够促进学生的学习，提高学生的学业成绩。

从开展有效合作学习的各个阶段来看，其显著提高学生的学习兴趣，这是第一步的进步；通过调动学生的学习积极性，提高学生的课堂参与度，实现学生由被动接受向主动发展的转变，充分发挥了学生主体性地位，这是第二步；第三步，在不断的实践过程中，学生得益于交流合作的优势，得益于互帮互助的成效，学会了取长补短，并在后期的学习中会将弱势进行弥补，学会如何接纳不同的建议。这一系列良好的反应将会促进学生学业成绩的提高。另外，合作学习小组的分组遵循了"组间同质，组内异质"的基本原则，即每一组都有基础较好的和基础较差的学生。而通过合作学习，基础较好的学生可以带动和帮助基础较差的学生，在整个校验过程中起到一定的标杆性作用；而基础较差的学生，通过教师及学生的帮助，能够取得较好的学习进步。另外，基于心理学的原理，将一个班级划分为若干个小组，小组成员为了不让自己成为本组不成功或者失败的原因，势必会尽自己的努力，再加上小组内部的互相监督、互相鼓励机制，整体上提高了学生的学业成绩。

第四节　初中课堂小组合作学习效果
提升的策略

一、学校要大力支持

（一）学校要加大教师培养力度

在对小组合作学习的动态化研究中，我们了解到小组合作学习作为一种实践操作模式，其是否得以长久发展在于组织机构及政策是否对其有大力支持，表现在两方面：一方面，学校是否支持小组合作学习模式并创造良好的教学环境，让学生和教师较为自主地沉浸其中而非形式化参与；另一方面，教师是否有小组合作学习的意识，即授课教师是否真正认同小组合作学习模式的作用，以及是否愿意在教学实践中开展。因此，学校的重视程度在一定程度上对小组合作学习的应用有非常关键的影响。

与此同时，除主观意识的强调外，小组合作学习指导者，即相关教师人员的专业技能也是影响小组合作教学能否更加多元化并更加成熟运用不可忽视的因素。首先，教师对教育模式的专业化甄别让教师能够自主选择这种方式进行教研，包括其理论、原理、实施要点等；其次，教师的专业技能水平影响教师能否在其专业上更合理地运用小组合作学习，保证有序、有力、有条理地开展有效的小组合作学习。因此，学校需要加大对教师的培养力度，教师要不断加强自身学习，强化自身在合作学习中的作用。合作学习不能盲目、随意地开展，虽然该模式采取执行合作模式，但并不意味着学生在这一过程的完全不可控。该模式的核心在于"学生创造为本"的真正的互助式学习，否则就趋于过场化。学校可以采取"请进来、走出去"的策略来培养教师。所谓"请进来"，就是请专家到学校来开设讲座，对教师进行小组合作学习方面的相关培训与指导；"走出去"就是组织学校教师去外面学习小组合作学习的理念与实践经验。

（二）学校开展各种活动，促进小组合作学习的有效开展

为了促进学校小组合作学习有效开展，学校可以开展各式各样的活动，以提升小组合作学习的效果，提高教师的积极性，促进教师的专业发展。比如，学校领导、教师可以走进课堂听课，大家互相学习、评课、取长补短，且提出针对性的建议；学校还可以进行小组合作学习课堂教学比武，奖励获胜者；定期召开小组合作学习交流会议，教师交流分享意见，总结较好的经验、反思不足；鼓励教师撰写小组合作学习相关论文，并进行评选；将教师取得的相关成绩纳入年终考核中等。

二、教师发挥主导作用

（一）教师需要强化对小组合作学习的认知

在学校强化对小组合作学习的培养过程中，教师本人也需要加强对小组合作学习的认知。在实际调研中发现，大部分教师都能够清楚认识到小组合作学习的价值，并有意愿通过其帮助自己实现教学质量的提升。表面上，教师认识到小组合作学习能够活跃课堂氛围，点燃学生学习的激情，减少课堂授课的障碍，提高学生的交际能力。但在与教师的深入沟通中发现，许多教师对小组合作教学认知在一定程度上存在误解。教师一方面重组织讨论，学生也重参与讨论，但实际上学生在讨论中并未得到真正的收获。在小组合作学习中，教师还要定位好自己的角色，即教师是学生的引导者，学生学习的促进者、讨论者。另外，教师在开展小组合作学习实践时要不断反思与总结，不断发现问题、改进问题，从而不断提升小组合作学习的效果。

（二）教师需要加强对小组合作学习的指导

值得重视的是，小组合作学习是在教师的指导下进行的。无论小组如何划分，学生作为合作学习主体这一关键概念是不变的。合作学习需要良好的合作技能，需要教师在课堂中进行指导并言传身教。在实践中，教师不能放任学生交流，而是要在前期开展时就有针对性地指导学生进行相关操作，有意识地

对其进行培养和训练，从而让学生有合作学习的相关概念。另外，在合作学习中，教师需要积极关注各小组的开展情况，及时发现问题，以适时给予学生帮助和建议。当合作小组遇到困难时，教师要恰当地对学生进行指导、点拨，以促进合作学习的顺利开展。而对于在合作学习中表现欠佳的学生，教师需要倾听其诉求、引领其参与并给予其鼓励，以帮助学生成长。

（三）教师需要加大对小组合作学习的监控

初中阶段是学生自由化发展相对较集中的阶段，同时，因其主观能动性及其个人意识未完全塑造，初中生的自控能力往往还不够。因此，初中阶段教师的监控督促非常必要。在初中阶段，教师的监控作用主要体现在两个方面：一是对教学课堂的监控牵引；二是对学生主体的正确指导与帮助。在初中课堂中，根据教师实践小组合作学习发现，很容易出现三种情况：一是学生在讨论中容易偏题。初中生正处在思维发散期，对世界有较大的好奇心，但此时学生的基础知识构建并不完备，相关专题的准备较为片面，很多时候对相关问题也找不到很好的切入点。在小组讨论时，学生间相互的讨论有可能会偏离原设定主题，使得讨论结果向以前学习过的方向或已知的课题方面发展。因此，教师在现场应注重对讨论节奏的把控，一旦发现偏题的情况，需要立即制止并说明相关情况，让学生讨论回归到合作学习的相关主题上。二是学生在合作小组中容易冷场。在开展合作学习时，有的小组可能因为还没有养成合作意识或因先前没有合作历史，而不知如何开展以及开展后如何持续。在因小组成员观点不一致而导致不能相互配合时，更容易出现互不相让的冷场局面。这时，教师应当迅速介入并了解问题出现的原因，从实际情况出发，提出学生可以接受的建议，促使讨论重新开始。三是小组合作学习中容易出现同伴依赖。小组合作学习有不同的角色参与，这其中有的学生学习基础较好，有的学生学习基础较差，同时他们在对待学习的态度、积极性、自律性等方面也会有差异，因此有的学生不可避免会产生对同伴的依赖，不积极参与活动。一旦出现这样的情况，教师要帮助学生重新树立学习的信心。

（四）合作学习的内容及活动安排

合作学习的内容和活动安排对提高小组合作学习有显著的效果，而合作学习的内容和活动安排主要体现在学习内容的多元化、学习形式的多元化、学习机会的平等化这三个方面。

　　就学习内容多元化而言，教师在课堂上提供更多元化的材料能够使学生保持对学习的专注度。在对待课程与自我进步的基础上，教师需要与时俱进，将社会发展实际需求与教育教研相结合，并通过引入社会热点问题，平和过渡至教育中，不定时地更新教育素材，改变前期一成不变的教学习惯。

　　就学习形式的多元化而言，教师在课堂上引入多元化的学习形式也能够促进学生的学习专注度。具体而言，教师可通过集中讨论、演讲、点名等方式活跃课堂气氛；但与此同时，需要减少学生闲聊的机会，减少跑题的情况出现。同时，需要避免出现一言堂的现象，即避免出现短时间与有的学生更加亲近的情况。同时在课堂中，需要注意走下讲台与学生进行交流、对学生进行指导。

　　就学习机会的平等化而言，平等的教育机会能够促使学生更加乐意参与小组合作学习。通过小组合作学习，学生之间互相促进，能够有效地规避与减少学生两极分化的情况。传统教育中存在优者更优、弱者更弱的情况，而优秀学生与掉队学生之间通常还存在沟通障碍。小组合作学习可以使学生之间相互取长补短，能够以学生的综合能力为主导，实现平等化的教育机会。这促使学生能够从前期单一化、碎片化、线性的认知过程中解放出来，实现多元化、理性化的认知学习。学生与教师之间、同学与同学之间，通过良好循环沟通，得以就学习习惯、学习方法、学习体验、学习参与度等方面进行平等交流，从而最终促进学生之间的互相进步。

三、充分发挥学生主体性作用

（一）学生意识到合作学习的重要性

　　学生是学习的主体，是小组合作学习的参与者，小组合作学习的有效开展有赖于学生的主体作用。在教学中，教师要培养学生的小组合作学习意识。认知是基础，学生只有真正认识到了小组合作学习的作用及重要性，才会积极、主动地参与到小组合作学习中来，才能真正发挥其主体作用。在小组合作学习过程中，学生的积极参与也符合新课改教学观中的"以学习者为中心"观点。同样，小组合作学习这种学习方法也体现了"教会学生学习"这一理念。教师可以进行简单、明了的教授，也可以通过师生活动、生生活动等使学生感知合作的重要性，从而引起学生重视，唤醒他们内心深处的需求意识，激发他们的合作欲望。

（二）学生的自主参与意识及动机

通过小组合作学习的课堂发现，学生的自主参与意识及动机对提高小组合作学习效果有显著的影响，而自主参与意识及动机主要体现在学生对学习内容的兴趣、学生情感培养的需要、学生角色的转变这些方面。

就学生对学习内容的兴趣方面而言，学生的学习兴趣越大，则小组合作学习效果越好。就学习兴趣的研究来看，需要了解学生的学习动机，即外部动机和内部动机；外部动机为学生学习时的外部能量来源，如获得的奖励、考试的分数、考试的排名等，这些东西可以量化；就内部动机而言，可以是学生的主观性、个人对这个世界的好奇等，通常无法被量化，更多的时候代表了一种内心满足感与希望。而通过对学生长期的研究可见，学生学习的效果如果来自内心的满足，那将获得更加长久的效果。通过学生的学习，学生可将学习成果进行内部需要转化，并将其运用于生活创造的一方面，促使其获得更多的动机，这种内在的学习动机可以使学生有更好的学习效果。学习是主动性过程，教师需要了解当下学生的喜爱偏好，并在学习内容中融合相关因素，从而促进学生的自主选择；另外，教师可选择性地增加对部分内容的强调与优化，以提高学生的学习兴趣。

就学生情感培养方面而言，如学生在小组合作学习中能够较大程度地满足自身情感的需求，则会积极参与。在传统教育模式中，学生常常被约束，很少有自我发展空间；在过渡至小组合作模式中，学生通过互通，往往与教师和同学产生了良好的化学反应，通过协作认识到彼此，大家取长补短，互帮互助，让参与者对其他人有更深的认识与了解。在这一过程中，学生通过克服困难取得成果，增加了学生自我创造性的发挥以及自我价值感的认同，让学生更加乐于享受这一学习过程。

就学生角色转变方面而言，学生在小组合作学习中能够更好地实现角色转变，对小组合作学习的积极性也越来越高。而传统的教学中，教师与学生的定位更像是领导者与被领导者的定位。在讲台之上，教师更有话语权，而学生仅仅是被领导者的角色，教师说什么，学生则执行什么。在新课改理念中，师生在教学上教学相长，在人格上平等；在平时的教学中，教师应该是辅导、引导、促进与帮助的角色；而学生才是主体，是小组合作学习中真正的参与者。而只有这种角色上的转变，才能从根本上提高小组合作学习的效果。

7

第 七 章

教师学科素养与课堂组织

第一节　英语教学组织的有效性

如何才能保证教学组织的有效开展呢？笔者从导入、课堂活动组织管理、师生互动和教学反馈等角度，分析如何提高课堂教学组织的有效性。

一、有效的课堂导入分析

课堂导入是课堂教学的主要环节之一，本节所指的导入包括"lead-in"与"warming-up"，而教学效果会受到导入的直接影响。也就是说，一个良好、精准的导入能够使得课堂主体明确，使教学内容更为生动形象。如此一来不仅能够吸引学生的兴趣，还能激发学生的求知欲。反之，糟糕的导入会导致教学环节脱节，甚至会导致教学目标发生偏离。

导入具有引出话题、建构语境和明确期望等功能。良好的导入应该能帮助学生建构对所学内容的心理预期，激发学生的学习动力，应该能为接下来的学习，从背景知识、图式和语言上做准备。因此，在教学实施阶段，我们应该关注导入环节的设计，明确其在心理、知识和图式等方面的作用，这就需要我们考虑教学内容对学生的要求，考虑学生已有的知识基础，考虑学生的兴趣爱好。导入的方式很多，选择有效的方式对课堂教学的有效开展也起着十分重要的作用。

（一）图式的激活

所谓图式（Schema），是指人脑中已有的知识经验网络。图式是一种高级且复杂的记忆结构，它需要通过长时间的积累才能形成。因此，其在积累过程中，就会衍生到多个领域，比如民俗、语言、文化等。此外还需注意的是，反应模式也在其范围之内。根据图式的内涵，可将其分为三个类型，分别是内容图式、言语图式以及形式图式。首先，内容图式是指阅读者针对文章展开话题谈论，其熟悉程度就是内容图式的体现；语言图式就是还未阅读文章之前的读者原有语言知识，包括发音、词语组成、语法语序等知识；而形式图式则是关于文本体裁、结构逻辑、语篇等方面的知识。要保证导入的有效性，不仅要在设计时做好需求分析，在具体操作时也需要根据学生的表现，及时调整图式激活的操作。

1. 图式激活的必要性

新知识的学习总是建立在已有图式的基础之上，课堂导入应考虑新旧知识的联系，这样有利于激发学生已有的认知中与课中内容相关的图式，帮助学生建构新图式，从而促进新知识的学习。但是，课堂导入不可能激活所有与新知识有关的图式，教师需考虑应该激活与哪些知识有关的图式，保证学生能迅速、有效地进入新课学习。这就需要教师精心地选择导入方式并且恰到好处地使用，但无论选择何种导入方式，都应保证导入过程对学生的图式激活的有效性，保证在一定时间内相对迅速、准确地激活学生认知中已有的图式，为下一步学习做准备。

2. 图式激活的情境性

语言学习是在一定的社会文化背景下发生的，教师在导入时要适当设置与现实生活接近的教学情境。该做法能够在极大程度上帮助学生将原有的经验跟未来需要学习或者即将接触的新知识进行有机结合，不断补充、完善自身原有的知识图式。例如，教师用几幅幻灯片展示了一节对话课的教学环节，对话内容是关于对游艺类节目的看法，开始学生们并不理解什么是游艺类节目。例如，在课堂上老师用 "Do you want to watch a game show？" 进行提问的时候，学生第一时间没有理解这句话的含义，可能是对 "game show" 不太理解，几乎没有学生对教师的提问给予回应，此时教师并没有做任何解释，而是展示了几张幻灯片来帮助学生理解什么是 "game show"，教师运用几幅图和几个简单的词汇创设了本节课的学习情境，帮助学生建立有关游艺类节目的概念。因为本课的主要学习内容就是谈论对游艺类节目的看法，而此时的情境导入适时地激活了学生的认知，为整节课的学习做了充分的铺垫，同时也调动了学生的积极性，帮助学生迅速进入学习状态。通过本案例我们可以发现，合理设置情境可以帮助学生有效激活图式，有利于学生学习与应用新知识。

3. 图式激活的启发性

图式激活在教学中起着十分重要的作用，但是激活操作的效果如何与教师问题的启发性有着很大的关系。如果在导入阶段教师能根据新课内容和学生已有知识的积累，创设出层次分明的问题或情境，激发学生的原有图式，建立起符合认知规律和符合学生自身语言基础的新图式的需求，就能为新知识学习做好充分的准备。

（二）课前心理预备

心理因素是影响学生学习的主要因素。当学生缺乏兴趣和学习欲望时，其学习效率就会降低。学习前心理准备是指学生在上课前是否拥有学习的欲望，是否对即将学习的语言材料感兴趣，是否具有较强的学习动机，等等。浓厚的学习愿望和兴趣、积极的学习态度和动机是学生学习的驱动力，有助于帮助学生积极地参加课堂活动。教师在导入时，应充分了解学生的情感态度、兴趣爱好，关注所学内容对学生的吸引力。

1. 保证导入的趣味性

众所周知，一个人的兴趣点会指引人的学习、成长方向。换言之便是每个人最好的老师就是自己的兴趣。只有当一个人真正对某件事情感兴趣时，才会不留余力地去探索、努力实现目标。学习也是同理，只有让学生对学习产生浓厚的兴趣，其学习效率才能得到有效提高。初中生有很强的进取心，对一切新鲜事物都充满了好奇，学习欲望强烈。如果学生对授课内容有兴趣，就会认真聆听与观察，集中精力到课堂学习之中。教师在课堂导入环节应该利用这一点，努力创设各种情境，适时激发他们的学习兴趣。如下面的教学设计片段所示，教师在一节阅读课前设计了一个短小的导入环节，教师首先介绍本节课将带领大家去旅游，但不告诉大家去哪里，然后通过录像片段给学生们展示美国不同地方的美丽风景，同时也有简单的介绍，学生带着好奇观看风光自然就会留意不同地点的名称。在这个导入过程中，教师用提问和播放录像的方式激发学生的兴趣与思考，唤醒了学生的求知欲，为后续的学习做好了充分的准备。

2. 激发学生学习热情

由于初中生在英语语言基础和语言学习能力上存在很大差异，而且又有很强的自尊心，因此教师在课堂导入环节要关注学生的学习基础和心理特点。每个学生都是单独的个体，都会有与他人不同的地方。作为教师应当时常留意每个学生的状态，若有异常及时沟通调整；尽可能做到去了解每个学生心里所想，留意他们的个人情感状况；在教学上也应当避免出现沉闷的氛围，以免对学生造成太大压力，应当及时帮助学生从思想上对即将进行的学习活动做好准备。

如一节听说课例，主要教学内容是祈使句和几个简单动词。在导入环节，教师让学生观看图片（食物）说出联想到的东西，学生很快就能猜到这是在准备炒一道菜——"鸡蛋西红柿"。然后教师展示第二张图片，让学生排序。这时不管学生语言基础的差异有多大，都会有兴趣完成任务，此时教师通过核对答案巧妙复习以前学习过的词汇，如"tomato、egg、oil、pan"，唤起学生已有的知识，为新知识的学习做好铺垫，同时为全体学生顺利完成本节课的学习任务奠定基础。

导入的方式很多，有的适合动觉学习者，有的适合视觉学习者，有的需要学习者有较好的数理智能，有的需要学习者有良好的音乐智能，那么我们如何选择呢？这就需要我们考虑班级同学的主流智能倾向。当然，一节课只能采用一种方式导入，教师可以注意在不同的课堂上采用多样化的方式，增加变化性，以适宜学生的需要。

又如一节特殊的读写课，这节课的特殊性表现在这是中德两个国家的学生共同学习的一节临时英语课，教学没有前后的连续性，教师在课堂导入时考虑到来自德国的学生不一定适应中国教师讲课。因此，适时展示了本节课的教学目标，引起全体学生的注意，提示所有听课的学生了解本节课的重点，让他们都明确主要教学内容，促进他们在后续的每个教学环节都围绕着教学目标进行思考，从而有效地完成学习任务。教师在展示教学目标时特意强调"Do you know any Chinese traditional festivals？"对于中国学生来说，可能没有必要这么问，但是对于德国学生就有一定的价值，当他们听到这个问题时，自然要在自己的记忆中搜索有关中国节日的信息，教师适时引导"And today we'll know more about it"，明确了对于他们来说本节课的主要收获。这样的导入对来自德国的学生理解教学目标的主要内容有很大的帮助，为他们后续的学习提出了明确的任务，同时也激发了他们的学习兴趣，帮助他们完成具有挑战性的学习任务，即写一篇介绍中国传统节日的短文。授课教师考虑到学生的群体性差异，考虑到不同学生的不同需要，有效地完成了课堂导入。

（三）导入与学习内容关联

作为课堂教学重要的一环，导入不仅仅是一个简单的行为。可以通过良好、精准的导入提高学生的学习兴趣，从而增加学生对知识的求知欲，将学生的注意力吸引到特定的教学任务和教学程序之中，帮助学生在原有的图式基础上构建新的图式，完善学生语言知识的建构。但是无论哪种课堂导入形式，都要注意导入的内容与课堂教学内容的相关性。那么，课堂导入如何才能与课堂教学内容关联呢？

1. 导入与所学话题相关

要提高导入的有效性，就必须保证导入与话题相关，这是一个导入必须遵循的重要原则。导入的形式可以多种多样，但通常状况下话题的熟悉程度会影响学习的效率，而学生对课文中涉及的文化背景的熟悉程度则可能决定学生对新内容理解的成败，因此，课堂导入活动的实施应该与本节课的话题有高度的相关性。

2. 导入与所学知识相关

什么样的知识才能称为"新知识"呢？其实"新知识"并非指自己闻所未闻的知识，而是指在自己原有知识的基础上发生变化发展或者有了进一步的认知，这种出现变更的知识便是"新知识"。从心理学层面来讲，在面临事物感知的时候，如果个人对该事物的相关信息知道得越多，掌握的相关知识越丰富，那么对该事物的感知将会越全面、越准确，同时感知的速度也会大大提升。因此，教师在日常课堂教学活动中，不能一味照搬原有的教学模式，而是应该多尝试用"旧知识"与"新知识"进行结合，让学生能够容易地掌握知识。例如，教师在导入新课时可采用学生非常感兴趣的猜谜方式，谜面用含有定语从句的句子描述某个地区，并且所给出的信息由大到小、由抽象到具体，帮助学生思考。此时学生的兴趣不在句子的语法上而是在句子所给出的信息上，即便没有学习过定语从句也能理解句子的大概含义。如果再有背景知识的积累，猜出谜底也没有太大的困难。在短小精悍的课堂导入环节里，教师就巧妙地将本课要学习的定语从句隐藏在谜面之中，符合输入的"i+1"的输入原则，通过谜面使导入与课堂教学内容有机结合，为接下来的教学内容中定语从句的学习埋下了伏笔。

3. 导入与学生的生活相关

由于初中生对身边的事情比较感兴趣，导入新课时除关注导入内容与课堂教学内容的相关性以及话题的相关性外，还应保证导入活动与学生生活的相关，尽量创设与学生生活息息相关的情境。例如，教师在讲"What do they look like?"时，拿自己家庭的照片给同学们看，并且逐个用英语描述照片里的人物形象，这样既激发了学生的兴趣，也让学生有亲切感，提高了其学习兴趣，为后续的学习做好了准备。

（四）保证导入的适当性

导入的适当性体现在学习效率以及效果上，导入并不是越多越好，而是在于导入的精准性。良好、精准的导入能够大大提升学生对于教学内容的感知。同时，良好的导入也能够使教学课堂氛围变得活跃起来，学生的求知欲也能得到增强，教学的效果自然可以达到预计目标。怎样做才能使课堂导入不流于形式，而是与后续的学习活动更加契合呢？

1. 合理安排导入时间

教师应针对学生的身心特点和学习内容，通过精准的导入使教学课堂氛围变得活跃起来，增强学生的兴趣。在这种情况下，学生的求知欲将会有大幅度的提升，进而会自主学习。一般的课堂导入应该控制在3分钟之内，最长不能超过5分钟。时间过短，学生的思维不容易被调动起来，不能完成图式的激发。根据初中生的心理，大部分初中生都喜欢在变化的课堂里学习。导入时间太长，会使得学生失去兴趣，也将影响学习新知识的时间，进而影响整个课堂的教学效果。在导入环节，教师应该根据教材新旧知识的联系，提纲挈领，点明课题即可。建议采用快捷多变的形式通过已学知识引出新知识，建构新旧知识的联系。如教师在一节听说课前设计了一个短小的导入环节，教师通过图片展示了学生们身边的美丽风景，其中有几幅是关于学生家乡母亲河的图片。看到自己身边的美景，学生自然会有亲切感，但是当教师展示刚刚从母亲河里打来的污水时，学生们震惊了，通过教师的提问，学生们了解到家乡的水污染有多么严重，教师轻松导入课题"Threat to Life"。此导入环节用时不到3分钟，但是教师使用了图片、实物、启发式提问等方式进行教学，通过刺激学生的不同感官调动学生的思维，快捷有效地引入了课堂教学的主题。

2. 导入内容恰到好处

在合理控制导入时间的情况下，恰到好处的导入能迅速集中学生的注意力，唤起学生的求知欲，启迪学生思维，有效激发学生的认知图式，使学生在轻松、愉快的氛围下进入新知识学习。如一节关于动物保护话题的听说课，教师在上课伊始就让学生带着问题观看一段录像："What's happening to these animals？"录像时间不长，但是看完后学生的心情比较沉重，这一点达到了教师设计此环节的目的，即激发学生的思考，让他们意识到问题的严重性。然而观看录像后如果学生不知道怎样表达自己的沉重心情，就会影响导入的进程。此时教师通过观察意识到学生有表达的意愿，但又碍于语言能力有限不能正确表达，这时教师适时引导："What can we do to them，then？"学生回答道："Protect them！"教师的导入中没有对视频进行讲解，也没有对视频所反映的问题进行解读，而是通过师生交互导入话题引出主体。导入内容适当，提高了导入效率。

二、有效性的课堂组织

教学设计是上好课的基础，而教学组织则是上好课的保障。作为教学活动的主要场所，课堂教学向来备受人们关注。而课堂组织便是针对课堂教学设计的实施，它需要以现实的教学情境为基础，再利用恰当的教学理论去处理某一种问题或者方法。好的课堂教学组织能保障教学设计的顺利实施并能实现教学效果最大化，而教学课堂组织不得法必然会影响课堂教学的效果。

（一）有效的知识呈现

新知识的学习是课堂教学中最重要的教学环节之一，因此新知识的呈现一定要符合初中生的认知特点，即由简单到复杂、由表面到深层、由直观到抽象等。为了保障新知识呈现的有效性，教师应该注重在课堂组织中科学安排教学流程，合理组织新知识呈现。但是要做到有效呈现，在呈现时应注意以下几个问题：

1. 呈现前需要铺垫

不管是词汇语法，还是听说读写，教师都会面临如何有效呈现的问题。单词语法的结构、意义、语用需要呈现，听说读写策略、技能以及基本操作也需要呈现。教学中通常可见的有的教师直接介绍单词和语法，甚至是策略。但是，知识都是前后联系的，新知识的学习应该建立在已有知识的基础之上，因此呈现也应该做好铺垫。

2. 呈现要重点突出

课堂上新知识的呈现是学生第一次感知新语言，教师能准确地把目标语言呈现出来，是提高课堂效率的前提，这将对学生理解和运用目标语言起到非常重要的作用。呈现新语言的方式很多，可以借助音像媒体呈现新知识，可以用复习的方式以旧带新呈现新知识，还可以通过提问或者让学生做活动，自己获得新知识。无论是采用哪一种呈现方式，都要把握好一个原则，那就是重点突出，以便学生能够从最开始对新语言有一个准确的认识，为进一步在正确的语境中使用新语言奠定基础。

3. 呈现要以学生为中心

从活动的角度看，教学系统是一个师生间有组织的共同学习活动的序列。教师在呈现新语言时应尽量关注不同学生的不同反应，帮助学生有效地理解新语言。人们接收信息、进行学习，要借助不同的感觉器官，同时人们感觉器官和感知通道使用的偏爱又有所不同。心理学的有关研究表明，人们在接受新的信息时，所利用的方式是不一样的，例如，有的人会通过视觉接收信息，有的人则是通过听觉，有的则是通过触觉接收信息。这些方式并没有优劣之分，只是个人习惯的不同导致的，他们最后都可以接收到外界信息。因此在呈现新知识时教师应关注学生的不同感官倾向，根据学生的学习习惯选择呈现方式。

如教师在讲描述人物外貌和性格特点的语句时，可以这样呈现新知识：首先出示一张本班学生的照片，当照片出现时教师提问"What does he look like?"同时教师板书这个句子，这是本节课的学习重点，教师力图通过刺激学生的听觉和视觉呈现新句型，也许此时学生不太理解句子的含义，但是教师可以改用其他句子提问，例如"Is he tall?"或"Is he fat?"等，帮助学生理解新句型的含义。教师在呈现新句子时，可运用直接提问、图片展示、转换问题、板书书写并且集体领读等方式，帮助不同的学生在同一时间内完整理解新知识，为后续的有效训练奠定基础。由此可见，教师在实施课堂教学时，应该以学生为中心多角度呈现新知识，为提高整节课的效率做好充分的铺垫。

呈现过程中，教师应该时刻关注学生的反应。当发现学生感到困惑时，要随时调整呈现方式和节奏，比如，适当板书相关内容，例句进一步说明，还可以以非言语的方式，如做动作等，帮助学生理解新知识。教师不仅要从语言形式上帮助学生，还要从意义上明确新知识，为后续的新知识训练做好充分的准备。如果一节课中需要呈现的新语言较多或者较为复杂，教师可以把呈现和学习交替进行，呈现一部分就练习一部分，然后再呈现再练习，帮助学生全面深刻地理解语言知识，在一定的情景中正确使用语言。如何采用学生呈现新知识的教学方式，教师要适时引导。因为学生的理解有可能不完整、不全面，还很有可能出现错误。教师应该在不挫伤学生积极性的前提下，肯定学生的努力，同时帮助学生从知识层面理解新知识，从思维方面进行拓展，保证呈现准确、到位，为后续的有效运用提供必要依据。

（二）有效的语言操练

操练在学生语言的发展中具有无法替代的作用。有效的操练是学生习得语言知识和语言技能的必要条件，但是操练是否有效不仅仅取决于操练活动的设计，还受课堂操作的影响。那么，如何才能保证训练的有效性呢？

1. 操练活动的参与度

保证学生全员参与课堂活动，首先要求教师课堂指令明确，清晰易懂。其次要保证活动形式丰富，除了全班、分行、两人一组练习外，还应采用其他不同的活动方式，力求做到让每个学生在课堂上都能得到应有的操练，最重要的是让每位学生都有思维参与。课堂操练活动不能只停留在表面，教师在操练活动时要把握时机，通过提问、适时更换活动形式等方式，调控活动的深度，加大学生思维参与的深度和广度。保证全员有效参与操练活动的最常见方式是小组合作学习，教师尽可能把不同学习基础的学生放在同一个小组里，分工明确且指令清楚，使每个学生都有机会参与活动，并能够取长补短。

但是也有另一种教学组织方式能够充分保证全员参与操练活动，那就是在语音教室里进行教学。如一节对话课，教师首先呈现对话中的主要句型，通过一系列活动帮助学生理解并应用新句型，利用视频形式给学生展示本节课要学习的新对话，之后教师通过师生问答的形式激发学生深度思考，帮助学生进一步理解对话含义，随后开始操练活动。此时的操练活动需要每个学生都戴上耳机，独立操作电脑进行人机对话，因为学生的学习基础和学习习惯都有差异，课堂集体跟读对话不一定能满足全体学生的需求，而人机对话中，学生可以自己控制对话的音量大小，可以反复跟读任何一句，也可以根据个人需要调整听、读比例，及时有效地矫正语音语调。因为电脑上有对话的视频和背景信息及难句解释，也可以帮助学生理解对话意义，这种凸显人性化的自主学习操练方式也是保证全体学生有效参与的一个手段，最后教师通过让部分同学朗读对话的形式检测学习效果。教师适时调整学生的读音既是对被检测学生的辅导，同时也对其他学生有一定的辅导作用，从而保证了全体学生有效地参与了操练活动。

以上这个教学活动就是一个保证全体学生参与的例证，但是值得注意的是，为了做到全体学生参与，除了变换不同的操练活动以外，还应该注重学生参与活动的思维深度和信息交互程度，帮助学生由浅入深、由简单到复杂、层层深入地掌握所学新知识。

2. 操练活动的调适

通常情况下，教师根据教学实际完成教学设计，在实施的过程中按照预先设计的步骤与环节开展教学活动。但是，课堂教学不是一成不变的，而是一个流动和生成的教与学的过程，教师在实施教学设计的过程中，要根据学生现场的反应采取灵活的方法调控课堂教学，适当地调整教学内容和活动进度，使学生保持思维活跃、积极参与的状态。

3. 操练活动的充分性

有时教师为了完成预设的教学内容，即使学生还没有完成操练任务也会匆忙中止操练，造成操练不充分，影响了教学目标的实施。更有教师反馈用时远远超过操练时间，本末倒置，同样影响教学的有效性。要保证教学的有效性，就需要保证操练的充分性。

如何保证学生活动操练的充分性？除了教师在设计活动时应该有充分的考虑外，在课堂实施阶段应该以落实本环节的目标为基准，给予学生充分的学

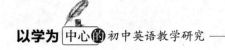

习、思考及操练的时间。

（三）课堂交际的时效性

语言是交流的工具，英语教学的目的之一就是培养和发展学生综合运用语言的能力。初中时期的学生处于思想高度活跃阶段，他们往往善于思考问题、记忆力极佳，对外界事物有着浓厚兴趣。对于语言知识的学习，他们不会像成年人那样深埋在心底独自琢磨，更多的是会把所学到的知识与同龄人、同学交流探讨。基于此，教学课堂也应当基于学生的兴趣点去展开教学活动，便于学生在学中用，在用中学，使所学语言能够在运用中获得巩固和提高。那么怎样做才能更好地促进课堂交际呢？

1. 巧妙使用交互信息

如今，各个领域都在不断更新，教学作为社会发展的重要领域之一，应当迎合时代的发展优化教学内容、方式等。英语课堂的教学也是如此，只有在不断的实践之中才能更好地让学生掌握英语。这种理念要求教学过程具有开放性和交际性，注重教学过程中语言的真实性。真正的语言交际是建立在信息交互的基础上的，因此在课堂教学实施过程中，教师应该帮助学生从准确地识别信息、传递信息和反馈信息，到合理巧妙地使用有效信息，这样才能成功完成交互活动，真正达到交流的目的，增强学生运用语言的能力。

如一节关于旅游景点介绍的对话课，教师带领学生学习完本课的对话后，启发学生总结景点的介绍方式，然后布置一个新的课堂活动，即每位学生都要选一个或者想出一个自己喜欢或熟悉的地区地点，介绍给一位美国朋友。反馈时，同伴将向全班介绍自己选择的景点。这个活动有几个有效的信息交互环节：首先，把中国的名胜介绍给外国人，本身就存在着信息差，因为对象是美国人，所以有用英语交际的必要性。然后，在讨论后，把同伴的信息介绍给他人，这里也存在着一个隐性的信息沟通环节，也就是学生需要通过交流获得同伴的信息，当学生把同伴的信息向全班汇报时，又是一个信息交互的环节。如此多次的有效信息交流势必会帮助学生多次练习所学，在学习中进步，为真正用英语给美国朋友描述北京景点的实践性任务做足了准备。

2. 指导交际策略

英语学习的最终目标是培养学生综合运用语言的能力，其中日常生活的交流就是很好的运用语言的方式，而交际策略是日常交流活动顺利进行的有效保障，因此交际策略的掌握和运用在英语教学中显得尤为重要。在英语课堂教学中，教师应该适时渗透交际策略，帮助学生养成良好的交际习惯，实现有效交际的目的。例如，借助手势和表情表达，使用举例和同义词、反义词替换表达，合理寻求帮助维持交际等。在课堂活动中，在教师的带领下，学生也应该尝试不同的交际方式，这样在交流的同时也获得了与他人用英语交流的自信心。力求在愉悦的氛围下进行生生对话、师生对话活动，使学生在不知不觉中练习语言、尝试交际策略，良好的课堂教学效果自然就能实现。

（四）知识应用的时效性

没有应用性活动，就难以培养学生的应用能力。教师要能够设计应用性活动以便培养学生的应用能力，但是能够培养学生的应用能力不仅与活动设计有关，同时还要求教师完善课堂组织。那么，如何才能保证应用活动的有效开展呢？

1. 应用活动的真实性

所谓真实性，就是指学习英语的最终目的。一切的英语课堂教学活动的目的不是为了让学生去死记某个单词或者语法，而是为了培养学生的语言运用能力，使学生能够将英语应用于现实生活或者工作之中。因此，课堂教学最终还是要把语言知识落实到听、说、读、写技能的培养上，发展学生用语言做事情的实践能力。这就要求教师在组织学生活动时一定要关注所学语言的语用目的，关注运用语言的真实目的，即使在课堂教学中不能完成一个生活中的实际任务，也尽可能给学生创设出接近真实生活的语言运用活动，保证应用活动的真实性，给学生足够的理由主动完成语言任务。

例如，一个课堂的写作任务是写一篇介绍人物的文章，教师在辅导写作的过程中创设了一个两人对话活动——"谈谈自己喜欢的教师及原因"。教师是学生最熟悉的人之一，可写的内容与学生的实际生活非常贴近，教师以自己喜欢的一位教师为例，启发学生开展对话练习并做全班汇报。从汇报的内容可以看出，学生交流的内容非常贴近他们的学习生活，把每位教师的特点说得都很生动、具体，为后续的写作做好语言和内容上的铺垫。

如果教师想让学生在活动中真正体会到学习语言的价值，就应该为学生合理创设语境，即给学生充足的理由在用中学、在学中用。只有这样才能显示英语教学的最终目的——运用于实际。

2. 应用语言的交际性

作为语言的本质功能，语言的交际性无论是口头交流还是书面表达，都需要运用学习到的语言知识和技能，需要结合社会文化背景知识正确、得体地使用语言。教师在组织课堂活动时应该关注学生在使用语言时是否注意到了语言的使用场合、使用渠道、交流对象，这样才能有效地实现交际目的。

下面的教学片段是一个课堂的输出部分：

帮助学生学习如何评价文学家及其文学作品并展示个人观点。组织一个讨论式的四人小组活动，要求学生发表对于某个文学现象或者文学作品的看法，最后进行小组展示。

这个输出环节从两个方面展示了课堂语言交际性：一是学生交换意见的活动本身就是一个交际过程，是个生生交际的过程；当学生们进行讨论时，学生间有信息交互，互相理解就是交际的结果；二是小组活动结果汇报也是一个交际过程，同时是师生交际的过程，在师生交际过程中体现了语言的交际性。小组展示结束时，教师既可以亲自提问，实现师生交互，也可以引导学生提问，实现生生交互，尤其是在师生交际时除了注意语言的准确性，还应该注意其得体性。

三、课堂交互的有效性

随着交际教学法的兴起，交互在语言学习中的作用越来越受重视。交互是指信息传递的过程，两人或多人在思想、情感、观点方面的交流过程。所谓的"课堂交互"，便是指在课堂教学中教师与学生之间的互动。这种互动可以是信息交流，也可以是教学指导或者是问题探讨，等等。这种交互不拘束于某一种形式，它是教师与学生个体或群体之间多维度、多层面的交互过程。

互动不只是教师组织教学的一种手段，更是激发学生思维、促进学生认知发展的一种工具。课堂上教师提供互动机会的多少以及反馈积极性的高低可能造成学生学业成绩的差异，可能影响学生的情感态度的发展。互动有师生互动、生生互动，有言语互动、非言语互动，有显性互动、隐性互动，有思维互动、行为互动以及情感互动。

（一）师生交互的有效性

教师不仅仅是课堂教学活动的组织者，同时也是课堂教学活动的引导者。学生会在教师的指引下去完成各种相关的学习任务，达到掌握知识的目的。因此师生之间课堂交互活动的成败将直接影响课堂教学效率。除在设计课堂活动时要注意活动的交互性以外，教师在实施课堂教学活动过程中，更要关注如何提问，如何启发引导，如何纠错，如何通过师生对话引导学生思考等问题，从而提高课堂效率。

1. 第三话轮的有效性

课堂教学中的师生对话是最主要的交互形式。常规课堂教学中的师生互动多呈现"教师发问—学生回答—教师反馈"的三段式交际模式。研究和实践证明，在交际模式之中，三段式的第三话轮既是对学生回答的总结概括，也是一种特别的评价。同时，三段式交际模式对师生之间的话语互动也起着推动作用，使之形成了一个师生讨论的平台，促进学生知识的学习和能力的积累，提高课堂效率。通过分析，教师的第三话轮通常有规范语言、澄清意义、教学评价、发展学生话语等作用。英语课堂教学中规范语言和澄清意义以及教学评价的第三话轮经常出现。通常状况下，教师在与学生交互时基本上都停止在第三话轮。

为了提高课堂交互的效果，教师更需要注意语言交互中的多话轮交互，注意提问策略的使用，注重思维互动和情感互动的应用，通过互动营造良好的课堂学习氛围，通过互动促进学生理解，通过互动激励学生学习，培养学生良好的情感和自主意识，促进学生语言能力和综合素养的提高。

2. 流动生成的有效性

课堂教学想要达到理想效果，就必须有一个良好的课堂设计作为支撑。但需要注意的是，课堂教学并不是一个固定的行为，而是一种存在交流、互动的过程。正是因为如此，往往会出现教师没有对教学课堂预设的状况。而每一个学生都是单独的个体，有着各自的主观能动性。在课堂教学活动之中，他们也会根据自己的兴趣点、所拥有的知识储备、思维方式等去参与其中。学生会慢慢转变成课堂教学活动的主体，促使课堂教学多样化，加强课堂教学的丰富性。基于此，教师应当积极转变教学观念，以学生的兴趣点作为契机，随时处理课堂生成的信息，以保证课堂教学组织活动的交互性。

教学设计时，教师无法预知学生将会做出怎样的选择，如果在课堂教学活动中，教师只给出标准答案势必不能让学生信服，同时对学生的学习过程不能起到有效的引导作用。师生交互的作用在于不仅帮助了回答问题的学生，也帮助全体学生重温了如何做好这类练习的技巧，实现了课堂交互的目的。

（二）生生互动的有效性

语言教学的最终目的就是让所学语言知识能在实际中得到应用，所以语言运用能力才是课堂教学任务的重中之重。在课堂教学中，学生在教师的组织和引导下通过各种课堂学习活动完成学习任务，这些任务多是通过个体学习、同伴互助、小组合作等完成的，有效促进学生之间的活动交互将直接影响课堂教学的成效。

1. 明确的活动规则

有些教师在思考教学设计时更多地关注学生活动的开展方式，而忽略了怎样向学生明确活动规则，在课堂实施过程中有时出现教师指令不清导致学生不理解活动规则的现象，影响了活动效果。有时也会因为教师在布置小组活动时，忽略了小组成员的任务，导致活动时学生因为分工不清而不能完成活动任务，大大降低了教学效率。一般情况下，教师应该用简单的指令性语言说明规则内容，但无论运用哪种方式，其原则都应该是简单、省时、可操作性强。

当遇到较为复杂的课堂活动时，教师用个人语言陈述不容易被学生理解，此时可以请学生帮忙，师生共同做示范，从而保证学生活动有效开展。遇到特定环境和特殊教学内容时，也可以适当用汉语说明活动方式及规则。

2. 合理的角色分配

随着合作学习被越来越多的教师所重视，小组活动也就变成了一个常见的课堂活动形式。但是，小组讨论时，常有学生不参与或者参与度较低。造成这种现象的原因有活动设计的因素，同样还有课堂上教师没有进行角色分配，任务交代不清、不具体等因素。这势必会造成有些学生不参与，这些学生很容易被"边缘化"，成为课堂教学的"死角"。

比如，有些小组活动比较复杂，分工说明不能简单一两句就能说明白，教师可以先用文字的形式展示活动要求，并且强调活动完成结果的评价方式，此时为了提高活动的效果，教师首先要明确小组成员的任务，并且要求通过讨论进行分工，然后确定组里所有成员的任务及责任分工，保证任务的顺利进行。当所有学生明确自己和他人的工作任务后，教师再提出任务完成的评价方式与标准，比如，是口头集体展示，还是口头个人代表展示，是书面文字展示还是用其他非语言方式展示，还应该注意评价的过程的实施，既注重活动的产出结果也注重活动中每位小组成员的参与度，这样才能保证所有成员有效参与活动。

能够促进课堂交互的方式很多，影响课堂互动的因素也不只是设计和组织因素，还有环境以及学习者的因素等。不管是什么因素，就有效教学而言，我们都要做好需求分析，完善设计，提升课堂组织能力。

四、教学反馈的有效性

（一）教学反馈的内容

反馈是教师检验学生学习效果的必备环节。无论是全班活动、小组活动、同伴活动，还是个体活动，教师都需要通过反馈了解活动的情况，并根据学生的现有水平调整下一步教学活动。反馈也因此在教学组织中起着十分重要的作用。如果反馈方式选择不合理、操作不到位就有可能影响反馈的效果，反馈也就无法为教师提供其所需信息。

反馈方式有很多，可以从以下几个方面入手。

1. 根据学习内容进行反馈

教学的内容可以作为反馈的选择因素。例如，陈述性的教学内容，这种教学内容的知识点一般是为学生传递某种信息为主，重点是对知识点的理解。那么其反馈形式就可以从知识点的记忆、理解方面着手；若是偏向程序性的教学内容，那么它的重点应该是放在逻辑性上面，突出其过程与结果的关系；若是语言运用培养的教学内容，则重点应该放在语言能力的运用上，以评价学生的语言运用实际情况为主。

2. 根据活动目的进行反馈

每一次教学活动开展都是有目的的，或是为了宣传某种观念，或是为了达到某种学习效果。虽然目的不同，但是其形式还是大同小异。而课堂教学活动更是由多个活动构成的，因此它反馈方式也可以分为多个类型。例如，有的活动是为了培养学生的某种能力，那么该活动的反馈方式就应当侧重于学生能力培养效果的体现；如果活动的目的是培养学生的语言运用能力，反馈方式则应侧重于体现学生的语言知识运用是否得体、规范等。

3. 根据学生需求进行反馈

在上文之中我们提到，教学活动是由多个活动环节构成的。作为教师不能忽略任何一个环节的作用，应当关注学生对于每个环节的反映情况，了解学生的兴趣点、实际需求点等。因此，教师在进行课堂反馈时，要充分考虑学生的感受，一切的行动应当以提高学生的学习效果为目的，积极引导学生激发自身的潜力，增强学生的求知欲，而不是为了反馈而反馈。例如，在课堂教学活动结束之后，教师可以通过在课堂教学之中学生的表现进行选择反馈形式，喜欢抱团的学生可以选择组队方式反馈；喜欢独自发表观点的学生可以选择个体反馈；等等。

如在一节阅读课的教学片段中，教师通过反馈帮助学生准确理解文章细节信息。教师让学生翻译句子，学生翻译："产品越大，所需要的推广费用就越高。"此时教师没立刻肯定或否定学生的答案，学生也没有意识到自己翻译的不妥之处，当教师又出示了一幅图片，此时翻译的同学就立刻明白其不妥之处了，教师使用非语言信息，即用图片形象地帮助学生准确理解句子，相信此时的图片比教师精准的翻译更有说服力，更能帮助学生理解句义。

（二）提高反馈效率的原则

1. 有针对性的反馈

反馈的形式有很多种，我们可以通过自己的思考去选择比较适合的反馈形式。但需要注意的是，任何一种反馈形式都要有针对性，这样才能体现出自己想要反馈的实际内容。例如，学习内容的反馈、学习目标的反馈、学习方法的反馈，还有学习群体的反馈、学习进程的反馈等。反馈的针对性也会直接影响教学效果，教师应当充分考虑到这些因素，选择最为恰当的反馈形式。

2. 有交互性的反馈

一个良好的反馈形式应当具备一定的交互性，并且交互性不能局限于某一种问题或方向。该反馈要能够充分反映出实际的课堂教学活动状况，如教师与学生之间的交互、学生与学生之间的交互。反馈信息的主要目的是找出课堂教学预期目标与实际情况之间的差异，通过反馈进一步比较、评估，找出关键点并及时调整教学策略。而学生也能够通过反馈信息了解到自己的真实学习情况，取长补短，及时调整自己的学习状态和方法。这种反馈能够让学生进一步了解自己，是学生自我调整的一种可靠依据。所以，交互性也是提高反馈效率的一种重要方法。

课堂教学活动是由多个环节构成的，每个环节之中都存在课堂反馈，因此课堂反馈也是课堂教学的一种常见表现形式。课堂反馈的目的很明显，就是进一步评估学生在课堂教学活动中的表现，了解学生真实学习效果。良好的课堂反馈能够增强学生的求知欲，提高学生对学习知识的兴趣，进而达到理想的教学效果。

第二节　英语课堂话语的有效性

一、教师课堂话语的重要性

教师课堂话语的重要性主要体现在组织课堂教学活动与引导学习者学习两个方面。教师的课堂话语既是教学活动的主要工具，又是知识的主要传递方式，学生大部分的知识信息皆是通过教师的课堂话语获得。因此，教师课堂话语的多少与质量都会直接影响课堂教学的效果。对于初中英语课堂而言，教师的课堂话语在给学生提供学习材料的同时，还能够促进教师与学生之间的互动交流，使得课堂氛围变得活跃，提升教学的效果。对于大多数中国学生而言，英语可以作为第二语言来学习，但是国内的英语学习环境并不理想，主要原因还是语言环境存在差异。所以对于中国的学生而言，英语课堂的教学活动与教师的课堂话语才是学生获取英语语言知识的主要形式。

反思能力是当代教师能力结构中的一个基本要素。如今，大多数对教学活动进行反思或者是评价的重点并不在课堂话语上，而是依旧侧重于对教学方法与教学过程的反思，这就很容易导致课堂话语这一要素被人们所轻视甚至忽略。初中阶段的英语知识点较为简单，因此对该阶段的英语教师并不要求具备极高的英语语言能力，所以初中的英语课堂话语内容普遍不够完整、缺乏力度。再加上对客观英语课堂话语分析认知的不足，其被忽视的概率也随着增高，更谈不上进行英语课堂话语的反思。因此，如何加强教师对课堂话语的反思、怎样提升我国初中英语教师的英语课堂话语效率等问题，成为我国目前初中阶段英语教育面临且急需解决的主要问题之一。基于此，本节将以初中课堂话语指标体系的有效性作为出发点，进一步对我国当下初中英语课堂话语进行反思、评估，并且从中找出造成现状的原因，结合相关的知识理论与相关的成功经验，在完善教师教学体系的同时，对当下初中英语课堂话语的方法进行优化升级，力求达到高质量的教学质量，提高英语教学的效率。

二、课堂话语相关核心概念的界定

"话语"一词最初来源于拉丁语"discourse"，最初的含义是对话、演讲。事实上我们所讲的"话语"，就是"口语"和"书面语"的总称。话语不是指某种语言表达形式，而是指一个过程。这个过程可以是说话者在特定语境之中需要通过某个句子表达自己意思的时候，也可以是某个写作者在某个情境之中使用的一句话。从社会学角度来看，话语的形式可以是讲话方式，也可以是阅读方式或者写作方式。话语不单是表达形式，可以作为一种语言社区的交际方式、行为方式、思维方式以及价值观念等。话语就是以语言为媒介进行的实际交际行为。

（一）教师话语

教师话语其实就是指教师使用的职业语言，教师在课堂教学活动中所使用的书面语、口头语以及课堂上的其他语言（in-class language），都是属于教师话语。课堂教师话语的目的就是与学生形成一种交际。因此，在日常的课堂教学中所用到的课堂话语都是比较简单易懂的，它具有简化语言以及外化的特征。通过条词"caretake rspeech, foreigner talk"，反映出可以从语言"变异"思想来对教师话语的探究。在通常情况下，教师为了更简洁、精准地表达出想要传递的信息，都会有目的性地放慢或者加快语速，以此来达到提高教学效率的目的。

（二）教师课堂话语

许多人认为教师课堂话语是专门用于某一种语言或者学科之中。其实不然，它普遍存在与各个领域、语种、学科之间，并非某个对象的专属名词。它既可以用于第二语言教学课堂之中，也可以用于母语课程之中，不仅可以应用于语言领域，还可以应用于地理、历史、文学、物理等不同领域的课堂教学活动中。教师在课堂教学活动中，无论是使用母语还是外语，所产生的话语均属于教师课堂话语。

（三）英语教师课堂话语

本文所讲的英语教师课堂话语，就是指英语教师在组织英语教学课堂，以及切实实施的英语课堂教学所产生的话语。需要注意的是，英语教师课堂话语并不是单单指使用英语语言产生的话语，它还包括使用母语产生的话语。另外，也有部分的学者把英语课堂教师话语定义为对目标语言的运用。

（四）英语教师有效课堂话语

何为有效英语教师课堂话语？就是指英语教师在英语教学课堂上，所使用的话语是否对学生的英语学习效果起到实际作用。这一点可以通过课后分析英语课堂上教师所使用话语与学习内容、目的等的吻合程度来判断。真实、有效的英语教师课堂话语能够为学生的英语学习提供有力的话语知识输入，既可以增加学生的英语语言知识，也能进一步完善学生的语言知识体系，提高课堂教学的质量。总而言之，有效的课堂话语能够很好地协助教学活动的进行；反之，无效的课堂话语则不能为教学目的提供养分。

三、教师课堂话语分析操作

如何做课堂话语分析？做好这项工作，相当于进行一次教学行为研究。具体做法：设计好话语分析量表。与此同时，还应当明确课堂观察的内容，清楚核心点；采用合理的观察方法，客观、科学、有序地进行课堂观察。另外，应当充分挖掘课堂的潜在相关因素，最大限度收集所需资料，做好各个环节的书面记录。课堂教学活动结束之后，再对课堂进行整体的反思、探究。教学实验的运作模式大体为"培训—实践—总结—培训"。其具体步骤如下。

（一）建立实验合作体

在课堂话语问题诊断阶段，为了避免教师单兵作战的听、评课方式，使课堂话语分析观测更客观、更专业、更持久，成立以笔者为主体的长期合作小组进行课堂话语分析评价研究。

（二）课堂话语知识培训

"课堂话语"一词并没有在传统的教学模式中出现。因此，对于部分一直依照以往传统的听、评课模式教学的教师而言，对新形势下课堂话语的运用是存在一定的困难的。基于此，对这部分"传统"的教师进行培训是非常有必要的。教师想要掌握新型课堂话语的教学模式，需要以培训组织课堂话语的分析为基础，以思维方式的转变促进教学行为的变化，如此才能达到教学目的需求。这些基础知识可分为两个方面：第一，什么是课堂话语分析？第二，如何开展课堂话语分析观测？

（三）课堂话语分析实践

我们之所以要进行课堂话语分析，其目的是在于提高教师团队水平、教师个人在课堂上的反应能力以及课堂后的反思能力。基于此，课堂话语存在两个不同对象的技术实践，即合作体（团体、团队）与个人两方面。首先来看合作体方面，合作体本是一个需要高度配合的团体，所以落实整个计划的合作目的尤为重要，各项相关会议也需要做到提前预备，确保合作顺利开展。对于个体技术实践而言，可将课堂话语观察分为以下流程：明确观察点—开发或者收集话语分析测量所需道具—进入现实课堂进行观察—提出观点—总结观点—撰写课堂话语分析报告。因为有不同的话语分析观测点，不同教师需要进行合作观察记录。不同观察者的观察重点、观察位置、记录形式等，以及课堂后的信息整理、分析和建议构成了相互支撑的体系，形成自由民主、科学严谨的教研文化。

（四）课后反思与反馈

课后的反思与反馈工作尤为重要，这是整个课堂话语分析观察的成果。因此，分析测量表一定需要有明确的分析观察内容、目的、特征，再加之以设计观察方式。在这整个观察过程之中，所有的成员都可以大胆提出建议、观点或者假设等，并且要为自己的建议、观点或者假设提供有力的证据，从而形成多角度的课堂话语反思局面。

第三节　英语课堂合理的节奏调控分析

课堂教学节奏是提高教学效果的一种艺术手段，教师必须坚持培养学生的良好学习行为，使师生间配合默契，应根据教学内容调控教学节奏，使每个教学环节快慢、动静和谐统一而且教师语言要体现节奏美。

一、节奏与课堂节奏

节奏是由速度和力度两个要素构成的。在节奏的基础上赋予一定的色彩、一定的音乐，使其显得更加和谐，这就形成了旋律。从广义层面上讲，我们所谓的节奏就是现实世界中，客观存在事物的一种重要属性，这种属性的存在使得事物形成一种呈周期性变化的运动。因此，节奏包括了时间的范畴与空间的范畴两个方面。

人类社会的活动领域有许多种，教学是众多活动领域较为特殊的存在，同时也具备自身独特的节奏特点。总而言之，课堂教学节奏就是指在教学活动中体现出来的变化规律，包括了教学目的与教学过程中的各个环节。课堂节奏既涉及教学内容多寡、详略的取舍问题，又涉及学生心理、生理的承受力问题。

打造一个轻松、活跃的课堂节奏，不仅能够提高学生的学习兴趣与效率，同时可以减少教师的疲劳度，给学生更好的学习体验。基于此，教师需要设计一个恰当的教学节奏，进而提高学生的学习效果，促进学生身心健康发展。

二、影响课堂节奏的因素

影响课堂节奏的因素很多，主要受学生的认知水平、教学的信息量、教学设计水平、教师语言表述能力、教学方式运用、教学管理、教学时间分割等因素的制约。为了便于理解和讨论，我们可以从课堂教学节奏的几种可比成分先来进行分析。

（一）课堂的密度

课堂密度就是指在一定的时间单位内所完成的教学信息量，也就是我们所说的教学任务完成程度。在通常情况下，完成的新知识教学越多，就代表着课堂密度越大。因此，许多时候教师会要求在一定的时间内完成大量的阅读任务或者写作任务，这种追求高速度的教学法，就是为了提高课堂密度。与此同时，为了提高学生的兴趣，增强课堂教学的吸引力，教师需要在教学实践中不断探寻、优化教学方法。

（二）课堂的速度

课堂的速度就是指在课堂时间单位中，所有教学环节的完成的速度。换一种角度而言，课堂速度也是教学量的一种体现。它涉及课堂的时间分割问题。

（三）课堂的难度

课堂的难度就是指在课堂教学中，教师与学生对于教学内容的理解、表达、实际应用等方面的难度系数大小。这种难度系数通常都是属于理解与理解水平，或者是技术与方法层面的问题。学生的认知水平是确定难易度的标准，同时课堂难度也受教师教学水平制约。

（四）内容重点度

课堂内容难度点是一个相对概念，它是通过与其他内容的比较而得出的结果。具体表现为课堂教学的重要内容与主要内容在所有课堂教学内容中的占比量，占比量的大小就是教学内容的难度点。

（五）任务的强度

课堂教学任务强度，就是指课堂教学活动中所需要教授、学习的知识量或者难度。在特定的单位时间内，知识量与知识难度过大都会导致教师与学生的身心疲劳，这就是教学任务强度的具体表现。倘若课堂内教学内容过多，或者教学内容难度过大，即任务难度过高，那么极容易引起教师与学生的疲劳度上升，教学质量就会受到影响。

（六）师生激情度

师生激情度，就是指在课堂教学活动中，师生双方对于教学内容所产生的共鸣度、课堂教学氛围的活跃度等。这种激情度是基于教学内容产生的，并非指与课堂不相关的因素。课堂教学师生激情度越高，就意味着学生越愿意去学习新知识，教学的质量也会随之提升。

教学节奏可以通过"弱—强—弱"或"强—弱—强"的变化方式进行多次循环，这是教学活动的规律性变化，能够使课堂教学变得生动有趣，降低枯燥感。还可以穿插进行"弱—渐弱—强"，或"强—渐弱—弱"的变化。

三、调控课堂节奏的策略

（一）了解认知水平，构建快慢相宜的进度

对于英语学习的认知结构而言，它是一种结构内部的连续性组织与再组织发生发展变化的过程。这种认知结构能够很好地体现出认知主体的深层意识，如认知的态度、认知的兴趣、认知的策略、认知的经验，以及相关的经历与具备的英语知识等一系列心理定式。因此，良好的英语认知应当是新英语知识的输入与原有英语知识结构的有机联合，使新知识与旧知识互相融合，衍生出新的知识。课堂教学也应当遵循这种规律，找出课堂教学内容中主要点和难点，明确新知识与学生原有知识的关系，并为之寻求衔接点，让学生更好地融合新旧知识。

课堂教学进度并非是完全随着教师心情而定的，而是需要充分了解学生的实际知识水平，以学生的水准作为教学进度设计的参照点。枯燥、缺乏灵动的课堂教学是不能引起师生之间的共鸣的，教学的质量也不会达到理想状态。应该将课堂教学当作是一部小说或者一场电影来展现，应该具备跌宕起伏的情节，有完整的起点与终点。要将课堂教学内容进行多层次、多方位分析，在认定能够被学生所理解、吸收的情况下，利用多样化的方式进行教学内容展现，提高课堂的趣味性。教学进度可以分为速度的快慢与内容的取舍两个方面，其最终目的都是优化教学方法、提高教学效率。当教学进度的快慢与内容取舍形成一种有序的结合时，教学的质量也会随之提升。在教学中，导入就是整个教学进度过程的开始，内容的不断深化就是教学进度过程的发展阶段，难点问题的解决就是整个过程的转折点与高潮点，归纳总结便是整个过程最终点。在整个教学进度进行过程中，教师应当学会掌控教学的节奏，比如，在速度较慢的

时候，应当注重重点内容分析或者难点的解决，在速度较快阶段就应当展现较为次要或者容易理解吸收的内容。教师除了要全面了解教材的难点，还要立足于学生的实际情况，设计科学、合理的教学进度，从而有效地提高教学效率。

教师要根据学生的实际水平设计教学任务。问题设计要精当，不能满堂问。怎样设计好课堂提问呢？首先是准，课堂问题一定要明了，用Easy English，而不能用超出学生理解范围的词汇或句式。其次是精，课堂提问不在于数量多，而在于质量高。

（二）把握教学信息，构建疏密相间内容

课堂教学的时间是有限的。因此，教师要考虑如何才能在这个有限的时间内让学生做到最大限度地学习、掌握新知识。正确的做法是提高课堂教学氛围活跃度，增强师生之间互动，将时间留给学生，让学生充分发挥自己的长处，去听、去写。在这种环境之中学生能更好地激发自己的潜能，更好地去学习难度较大、密度较高的英语知识点。与此同时，英语教师在进行备课之前，除了要熟悉掌握教材内容，还应当根据学生的实际情况对备课内容进行取舍，突出本次课堂教学的重点内容。课堂教学的密度大小也会影响到学生的学习状态，密度过高会引起学生的疲惫感，甚至出现反感，造成教学效果不佳；反之，课堂教学密度过于稀疏，则容易使得学生过于放松、思想不集中、态度不够端正。因此，设计一个合理密度的课堂教学是非常重要的，只有做到"疏密相间"，才能使课堂教学质量提升。

例如，通过"What are you going to do at the weekend？"一课我们可以清楚认识到，该课没有简单地进行句式与听力操练，而是将知识融于学生的生活实际中，从my plan，your plan设计到your friend's plan，巧妙地进行人称的切换。从plan for the weekend，for May Day设计到for tomorrow（future），把主题升华到了人生规划。这样的设计不仅增加了知识密度，还增添了知识的趣味性，更是赋予其教育意义。

（三）提高表述能力，构建收放自如的特色

教学语言是一种工作语言，要受课堂教学自身规律的制约。教学语言的速度、力度、语调、声音等都是教学节奏的生成"基因"。所以，教师语言的跌宕起伏变化以及内容展现力，都是教学过程中节奏的主要展现方式。

良好的教师语言，都是需要通过精准的内容表达与熟练地掌握教学的节奏来实现的。内容的清晰表达能够给学生传递完整的信息，能让学生意识该知识点主次层面，进而有条理地去吸收、理解新知识。教学的节奏不仅仅是快与慢，还包括力度的大小与节拍的强弱交替发展，以及某些文章句子的长短与阅读情感、语调的变化。在这一类具备明显起伏变化与节奏的教学语言之中，能够使得教学语言的特点更加分明。有部分现代生理学的学者通过研究发现，人的大脑皮层是变化不定的，在面对不同的主体对象时，大脑皮层的反应也是有所差别的。比如，在面对单一语调的教学之时，大脑皮层会长期处于一种固定的状态，时间一长就容易出现疲劳感；反之，在面对具备明显节奏或者起伏不定的内容时，大脑皮层是处于一种时刻变化的状态，不容易产生疲劳感。因此，教师在进行教学活动时，要积极学习新的教学模式，善于使用幽默、趣味的教学语言进行教学。找到教学内容之中的规律，指导学生掌握更好的学习方式。

（四）灵活教学方式，构建张弛有致的教风

在现实生活当中，我们在做事的时候都会力求张弛有度，既不过分紧张或者追求效率，也不过于散漫悠闲。课堂教学也应当如此，过分地"张"，会给课堂带来一种压迫感，学生在这种环境之中是无法做到全身心投入学习之中的，他们更多地是在思考如何应对这种局面，效果与预期的背道而驰。而过度的"弛"也是如此，过于散漫会淡化课堂的严肃性，学生的态度会受到影响，其精神、注意力等也会大幅度降低。所以，教师在课堂教学之中也要做到"张弛有度"，充分掌握课堂的节奏。比如，可以通过课堂知识问答比赛营造"紧张"的氛围，还可以结合做游戏等方式缓解课堂压力，只有做到"张弛有度"，才能让学生在一种"中性"的氛围之中做到最大限度地学习。

如今，教学方法早已经不再拘束于传统的"灌输—接收"模式，英语教学作为语言教学，不同于其他理论学科，因此它的教学方式更为广泛，如有讲述、讲解、板书、分析、思考、提问、讨论、回答、朗读、作业等。这些多样化的教学形式，能够使得教学课堂变得灵动起来。课堂活动形式依照教学内容有 activity、memorization activity、comprehension activity、strategy activity、feedback activity、assessment activity 等。课堂活动不能局限于个体活动或者组队

活动中的某一种，应当要具备多样化活动模式，以增强课堂教学的趣味性。教学方式也是如此，传统的教学方式就是"教师灌输—学生吸收"，但是现在不同，更多是让学生去自主学习，这样既能够学习到自己想要的知识，也能减少师生双方的压力，学习的效率也会得到大大提升。

英语知识教学是语言教学，它不同于其他学科。语言的教学不能局限于某一种单一的教学模式，或者固定的课堂教学。语言本身就是多变的，所以教师在进行备课时，要尽可能设计动静结合的课堂教学，让学生从多个层面去了解英语知识与其内在的规律。与此同时，语言是应用于现实生活的，通过实践可以大大提高学生对英语本质的掌控。实施多情境的教学模式，可以让教学活动事半功倍。反对"一言堂"和"被听懂"。鼓励所有学生都积极参与教学活动，而不是例行公事、走马观花。但采取教学策略、组织何种形式要取决于教学内容与教学目标。

（五）科学分割时间，构建动静相生的任务

在通常情况下，课堂教学活动是有"训"与"练"两个主体，教师自然是对应的"训"，而学生对应的是"练"。前者的作用是基于后者的存在产生的，所以在课堂教学中，教师的"训"往往主导课堂教学的节奏。但是当学生对于"训"表现出散漫甚至排斥的情况时，就意味着这时候"训"已经即将或者已经达到饱和状态。这时就应当及时停止"训"，转向"练"为主导，以此来调节课堂的节奏，缓解学生的压力。同理，如果"练"一段时间后，学生不再积极，那么意味着再次需要"训"来督促课堂教学的开展。

人的身心发展是一个长时间过程，初中时期的学生正是思维成长较快的阶段。这个时期的学生思维很活跃，但是并没有形成固定的思维模式。因此，初中阶段学生的思维也是不稳定的。大致可以总结为"活跃—疲劳—再次活跃"，这种周期性的思维变化会伴随他们很长一段时间。因此，这时候就需要教师在课堂教学上积极去引导学生思维往健康的方向发展。例如，做到张弛有度、疏而不漏等，教师要在积极引导学生主动学习的情况下又能兼顾学生的身心健康发展。虽说思维方式要追求张弛有度，但是这并不意味着原地踏步，而是有规律性地"向上"发展，进一步优化思维方式。这种思维方式可以存在短时期的"转悠"，但是必须遵循交替发展的原则，使之得到有效的发展变化。

从一节课的安排来看，教师可根据学生的思维节奏的变化，逐步操练学生的思维能力。如图7-3-1所示，在刚开始上课的3到5分钟时间，这时候学生的心理和生理都处于一种"预备"状态，并未完全投入课堂学习之中。其思维、注意力等方面也没有做到集中，更多的是处在一种"渐入"状态。因此，为了使学生能够更快适应课堂教学，课堂教学中的思维操练量要适当减少。随后的20分钟时间，学生的精神力、注意力已经从"半集中"转变成了"集中"状态，该时间段也最为适合高难度内容教学。最后是下课前的5到10分钟，该时间段大部分学生已经没有办法再高度集中注意力，所以比较适合一些难度较低、操练系数不大的教学任务。以此调节课堂节奏，既有利于学生巩固知识，也能加强学生的思维方式。基于此，在课堂教学刚开始时，教师需要充分了解教学内容的难易点，将其放在对应的时间段内进行教学从而做到最大限度地实现教学效果。

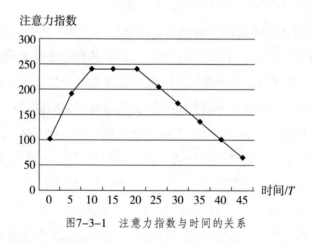

图7-3-1　注意力指数与时间的关系

课堂教学氛围不能过于压抑、沉闷，但是也不能过分追求高激情的教学氛围。高激情的教学氛围会让学生长时间处于激动的水平，这种状态下学生的思考能力是会有所降低的，不利于难点知识内容的教学。所以，课堂教学应当是一个具备变化、跌宕起伏的过程。比如，经过长时间的高激情教学之后，要及时引导学生静下心来思考问题，再以问题引导学生进入下一环节的教学之中。总而言之就是不能让学生的思维过于疲劳或者过于散漫，只有做到强弱适中才能掌控课堂节奏，实现教学效果最大化。

动静结合是最好的课堂教学模式，这里的"动"就是指课堂教学的氛围的活跃度。比如，学生针对某一种问题积极发表自己的理解，与同学之间讨论等。而"静"则是指学生的一种聆听的学习状态。在"静"的时间段中，学生应当是认真听讲、认真思考的。"动"与"静"是两种不同的学习氛围，但现实课堂教学之中不能一直保持某一种状态，过度的"动"会让学生处于亢奋状态，不利于思考；而过分的"静"则会形成一种压抑的氛围，也会抑制学生的发挥。

（六）调节学生情绪，构建严肃而又活泼的课堂

课堂教学是一项严肃的工作。但其主体对象不同，教师是成熟稳重的成年人，而学生则还是未形成固定思维模式的群体，大多数学生的生活阅历也屈指可数。过于严肃的课堂会使学生出现过大的心理压力，所以高度严肃的课堂并不适合教学活动的开展。良好的课堂教学应当是有自己一定节奏且富有趣味色彩的，在具备严肃性的同时又能够让学生轻易地接受知识。比如，教师在课堂教学上要善于通过声音来掌控课堂节奏。在遇到难点时，教师应当放慢语速，突出内容的重点所在，一步一步耐心地引导学生抓住关键点、解决问题；在需要讲述经验、方法时，教师的声音应当是激情高亢、富有感染力的；在总结教训时，应当收起娱乐的心态，以严肃、有理有据的方式向学生阐明。通过这种方式的教学，能够大大提升课堂教学中教师与学生的共鸣，学生也会更加乐意去学习。

课堂教学的主体有两个，一是教师，二是学生。传统的中心主体是教师，教师说什么学生就学什么。但是现在不同，现在的课堂教学中心主体已经从教师转变为学生，教师需充分了解学生需要学什么或者想要学什么并依此去设计教学内容。与此同时还要兼顾学生的其他状态需求，如学生的心理、情绪等。就以学生的情绪而言，倘若学生在课堂上表现得很敷衍、散漫，那就说明此时学生的情绪是低落、不稳定的，教学效果自然达不到预期目标；倘若学生在课堂上是积极发言、踊跃回答问题的，那么说明此时学生的情绪状态良好，学习效果极佳。因此，充分了解学生情绪，是教师设计良好课堂教学氛围的基础前提。教师应当善于通过多个渠道了解学生，进一步掌控课堂教学节奏。只有在课堂上多观察学生的兴趣点，了解学生想要学的知识是什么，才能实现课堂教学的最终目的。课堂节奏是课堂教学的关键，但是作为教师也要意识到课堂教学也是一个时刻变化的过程，有许多提前设计的东西并不是都适合课堂教学，所以要灵活多变，积极调整教学方式。

例如，教师发现回答问题的同学男生偏多，女生不积极，教师立刻做出提问调整："Girls, what are you going to do?"当学生回答准备"Climb the mountain"时，教师用惊讶赞叹的口吻说："Climb the mountain? Very good!"这样，女生会立刻活跃起来。

四、调控课堂节奏的技能

学生课堂上注意力偏移或分心的现象时有发生，如个别学生上课做小动作、低声说话或议论或玩手机、走神不参与课堂教学活动，甚至个别学生不接受教师的批评，顶撞教师——课堂上的这些现象常常发生，往往令教师劳神费思，有时处理不当就会影响课堂教学效果，甚至使矛盾激化，以致不好收场。教师整日疲于应付，很是苦恼。为使这些不良现象的影响变小甚至不产生影响，就需要教师必须具有调控教学活动的调控技能，保障教学正常节奏。

课堂调控包括非语言调控、口头语言调控、全面语言调控、课堂环境调控等。当然这些因素不能完全割裂开来，往往是你中有我，我中有你。

（一）非语言调控

非语言调控利用语言之外的方式传递信息，包括表情、手势、身姿、距离。其实就是利用bodylanguage向学生传递信息过程。

（二）口头语言调控

教师课堂教学以口头语言调控为主。口头语言表示一定要清楚、准确、简练、生动，配以语音、语调、语速，形成强烈的节奏感。

（三）书面语言调控

书面语言调控主要是指课堂板书。语言科学准确，内容精练，重点突出，形式多样，启发思维，条理清晰，布局合理。善于板书的教师，常常在黑板上留下课堂的主要脉络，形成富有节奏感的作品。

（四）课堂环境调控

课堂环境分为硬环境和软环境。硬环境包括教室的选择、仪器设备的摆放、桌椅的排列等。软环境指师生的心理环境。软环境需要教师情绪的感染、语言控制和行为暗示来主导。

除了上面讲到的四种调控方式，还有课堂组织调控、课堂时间调控、课堂节奏调控等多种方式，需要教师在课堂上灵活运用，充分调动学生的积极性，达到良好的教学效果。

8

第 八 章

英语教学评价

第一节　英语教学评价的功能和特点

一、英语教学评价的内涵

教育评价在通常情况下会包含两个方面：一是测量，二是评价。这里的测量不同于常规的深度、长度等方面的测量，而是在教育学、统计学和心理学等学科的基础上，针对教育、心理过程与结果的客观、科学、合理的测量；绝大部分的研究人员都会关注测量的工具、测量方式以及测量手段等，再对测量结果进行阐述或者描述。评价是指对教育领域的价值判断活动，涵盖了教育活动的现实价值与潜在价值两方面的判断，也是对教育活动是否能够满足个人或者社会需求的判断。

教学指教师教与学生学的统一过程。教学评价就是对整个教学活动过程及其效果的一种价值测评，是课程目标得以实现的保障，对教学与学习起着导向、诊断、激励、监控、促进的作用。教师如何教与学生学习效果如何是教学评价关注的两个基本主体，对教学进行评价就意味着不仅评价学生学习的过程，还要评价教师教的过程。此外，教学活动的实施还涉及教学大纲或课程标准的编制、教材的编制与选择等问题，因此，教学评价必然涉及评价教学大纲、课程标准和教材。表8-1-1总结归纳了教学评价所包含的内容。有效的教学评价，能对实际教学工作产生积极的指导作用。

表8-1-1 教学评价内容

范围	主要变量	要解决的主要问题
课程	课程标准 课程计划 课程教材	教学目标达到的规定性、实现的可行性、学生学习的适应性 课程教学与课程标准的一致性、交换作用性 课程教材的系统性、科学性、真实性、精选性
教师教学	教学设计 教学技能 教学研究 教师发展	教学计划的编制、教材的选择与更新、教学资源的利用 课堂教授与沟通、课堂正常管理与教学机制 教学测验与诊断,辅导激励与因材施教 教学反思
学生学习	知识与技能 过程与方法 情感与态度 学习策略 文化意识	对知识的了解、理解、掌握与应用,技能的模仿与迁移 学习过程的参与、经历与体验,学习方法的模仿、尝试与探究 对知识技能的感受、认知、领悟、认同与内化

测量与评估是语言教学中极为重要的构成部分。对于整个教育体系而言,测量与评估的作用都是无法取代的。比如,研究当下的教学材料是否适用、教学的方法是否科学合理、教学的项目能否实现预期价值、教学的效果是否能够达到预计结果、教学的最终成果是否能实际应用于社会建设发展之中等。对于学生而言,教学评价的主要目的还是检测学生的学习效果是否达标。同时充分了解学生的真实情况,观察学生是否掌握了英语使用技巧。而对整个教育体系进行评估,则是为了测量他们指定的所有教学目的、任务、项目等是否真实符合学生成长需要,是否符合社会要求,力求于实现教学目的真实适用于社会需求。

实际上,如今的英语教学评价已经不同于以往,其发展趋势也可以大致分为两个方向:第一,英语学习者的语言行为越来越受到重视,评价者会依据学习者的实际语言运用程度给出评价;第二,形成性评价与终结性评价趋向平等化。这与20世纪90年代起英语语言评价开始的"社会性转向"密不可分,其标志是以大规模的标准化测试为代表的语言评价方式逐渐转变为注重日常课堂教学的评价方式。

二、英语教学评价功能

教育评价是英语教育的重要组成部分。随着对教育评价目标和功能认识的不断深化，主流教学评价的发展会对英语教学评价产生影响，具体表现为会趋同主流教学评价的发展而发展。英语教学评价不再仅限于学习效果的评价，教学过程也会受到评价的影响。对于学生而言，英语教学评价不限于对学生成绩的评价，还会对其智力、生活技能、学习能力等认知因素进行评价。此外，还对个人情感、性格、毅力等非认知因素进行评价，既关注过程又关注学习结果。多元化教学评价体系取代以往的单一评价方式。

（一）导向功能，即推动教学目标的实现

教学评价的功能之一，就是为教学提供参照依据及目标，并以此推动教学活动的实施。事实上，教育评价的最终目的就是测量课程实际在教育目标中的实现程度。这种评价并非是根据个人主观评价，而是需要以课程的编制，即课程方案与课程标准作为评价的依据。最后，再通过对课程的评价结果观察并改进教学方案，不断完善教学体系。

英语课程教学评价的导向功能中的"导"，体现为恰当使用评价工具并得出准确且有意义的评价信息。教育评价的导向功能不仅表现为评价目标和方向与课程目标的一致，还体现为对评价方式使用的指导与建议。

教学评价标准在某种程度上左右着教师日常教学的内容和形式以及学生学习的动机及信心。采用形成性评价与终结性评价相结合的方式，增加评价的纬度。如今的教育评价系统中，普遍存在过于重视终结性评价、笔纸测试、由上到下的评价方式，这也就造成了目前教育评价出现了评价纬度单一、过分依赖甄别与选拔功能等问题。基于此，加强对学习过程与结果的多形式、多维度、多层次的教育评价体系有利于纠正评价维度单一等问题。因此，教师在进行评价的过程中，要充分发挥评价的导向功能，即在制定评价目标或标准时要切合英语课程标准所制定的目标，同时教师还应理解不同的评价工具、评价手段的特点和应用范围，做到目标与手段的一致。

（二）诊断功能，即发现教学中现实的和潜在的问题

通常情形下，教师利用考试来检查教与学的效果，判断学生的学习困难以

及教学上存在的问题。英语教学评价的诊断功能，需要重视学生的学习过程，充分了解学生的实际学习情况，清楚学生已经具备或者未曾具备哪些技能。只有充分了解学生，才能依据学生的真实情况制定教学方案，以此来更好地帮助学生解决难题。再则，利用教育评价对教学过程、结果进行评价，能够及时了解教学的效果，再根据评价所发现的问题对教学方案进行修改。最终目的就是使教师充分了解实际教学进程与预期进程的匹配度，及时调整教学方式、更换教学节奏，并针对存在的问题采取相应的措施，重组教学设计，改进教学方法，最大限度地提高教学效率。

（三）激励和强化功能，促进学生学习

英语教学的评价是以激励学生和促进学习为目的的，对教师和学生具有监督和强化作用。实施一定的考试与评价，有助于对学生进行管理，使其将其精力和关注点集中在学习和准备接受测试及评价的任务上。如没有考试与评价制度，学生会缺乏学习目标和压力，教师也无从判断学生发展的个体差异性。

学生是一个需要鼓励与支持的群体，在学习过程中会遇到许多难点、阻碍。这时候就需要教师及时站出来引导并鼓励学生去面对问题，传授解决技巧，增强学生的学习积极性，这样既可以帮助学生克服困难，又能提高教学的效率。许多时候学生都会独自评价自己的学习情况，包括学习过程、结果等，这就是自我评价。自我评价在一定限度内是可以帮助学生自我检测并纠正错误的，能够激发学生潜能，对于课堂教学活动进展顺利而言也是个助力。

教学学习评价不仅能够发掘学生的学习潜力，还能够准确了解到学生在学习中具体需要的东西，更能帮助学生更好认识自己、充分了解自己。在教学活动中适当地使用教育评价，有利于帮助学生建立自信，还能使得学生在学习过程中不断积累经验、不断进步，在一定程度上可以帮助学生全面发展。基于此，教学活动各个环节应当有属于自己的教育评价。尤其是对于英语教学而言，教学评价能促进英语教育教学改革，使学生学习英语的过程成为其健康成长的过程。

（四）区分选拔功能

每个学生都是单独的个体，他们不会存在谁与谁完全相同的情况。因此，学生与学生之间的能力也存在或多或少的差别，在进行考试的时候，每个学生

的表现也会有所不同。为了区分与筛选，教师通常会通过考试的方式来测试每个学生的具体水平能力，对他们的成绩进行评分，使学生与学生之间的水平差距能够明显体现出来。因此，考试就成为学生升级留级、课程选择、职业生涯指导、能力评价等方面的重要依据。同时，考试也会将每个学生的闪光点体现出来，针对优点、特殊能力等为家长提供反馈，让家长进一步了解自己的孩子，也能够为社会对人才的选拔、任用提供依据，相关部门也能通过考试结果了解到教学效果的实际情况。总而言之，考试结果是一种客观存在的类比性数据。社会、教师能够通过考试去了解学生，也能从学生的成绩中反思自己的作用，进而完善教学方式，提高教学水平。

尽管评价所具备的选拔与评比作用不可否认，但从现代教育评价的发展来看，重视评价的发展性价值，淡化评比与选拔任用的趋势愈发明显。

（五）反拨功能

反拨功能是教育评价中的重要内容，教学活动的各个环节、教学层面都会有反拨功能的体现，如教学方式、教学内容、教材的编撰等。反拨功能不仅仅是单一的正面评价，也不是纯粹的负面影响，而是正、反面两者兼备。教学考试也是如此，它具备自己的反拨功能效应，这就要求英语教师具备评价素质，英语教师可以没有顶尖的评价知识，但一定需要具备语言测试基础的理论知识与实践能力。具体要求为：能够在有限的材料之中，开发和设计适用于学生的测试方法；切实执行测试活动，评判内、外部测试的结果，并对之进行合理解释；基于测试的结果，对学生进行评价；及时调整教学方案、改进教学课程、合理规划教学流程；积极引导学生自我评价，鼓励、引导学生进一步学习。此外，教师还需要能够清楚辨别各个测试方式的差别，明白并非所有的测试方式都是合理的，对于那些违背道德、缺乏科学指导依据的测试方式要及时剔除。英语教师应合理利用评价的反拨功能，提高教学效率。

总之，教学评价具有上述许多正面积极的功能，但这些功能的发挥则有赖于科学的评价标准的制定以及恰当的评价工具或方法的选择使用，使教育评价真正发挥评价学生发展、提高教师教学实践的功能。

三、英语教学评价的特点

从教育评价发展历程来看，教育评价的早期阶段通常都会重视终结性评价，也就是对教育结果的评价。这种终结性评价主要强调教育评价的证明与鉴定，也会听取评价者与管理者的相关建议与意见。如今的教育评价不同于以往，当下的教育评价会更加注重形成性评价，也就是指评价者与被评价者的评价过程的沟通交流，目的不再是得出单一的结论，而是追求互相完善评价，使评价结果达成共识。

英语教学的特点决定了教学与评价必须有机地结合在一起，关注学生学习过程中的成长。评价标准的制定与实施运用的话语权应该由学校、教师和家长共同掌握，从而为学生提供一个开放的学习成长环境。

（一）评价标准多元化

教学评价标准的多元化表现在许多层面上。从宏观上讲，面对不同的领域而言，如经济领域、教育领域、文化领域等，其需要使用的评价方式也应当是不同的，而不是套用某一个评价模板。使用对应的评价方式能够精准发现评价对象的优劣势，进而及时调整发展模式。学校也需要根据自身的实际条件、培养目标等因素，制定属于自己的评价方式。从微观角度来看，教师需要充分了解每个学生的实际情况，设计对应的评价标准，而不是全班统一。

从英语课堂教学来看，评价标准包括评价教师的教与学生的学两方面。在评估课程内容时，我们应考虑教学组织与教学组织之间的联系、教学结构与教学对象之间的一致性。根据教学对象的水平和需要确定适当的教学目标、教学内容和重点的定义、教学活动的组织、教材和方法的使用，以实现设定的目标。对于学生而言，评估的重点是学生是否对教学内容感兴趣，他们是否能够理解不同的活动并积极合作，是否能够有意识地使用相关的学习方法。最关键的是，学生是否能够应用所学知识。换言之，就是输入和输出之间是否有相应的联系。

（二）评价内容多维化

无论是对学生发展进行评价，还是对教师教学进行评价，确定"评什么"是首要的。评价内容应该是与教学的总目标相吻合的。教育目标分为知识、情感、动作技能三大领域。要对学生进行全面、综合的评价，就必须关注其知识领域和社会情感方面的共同发展。通常情况下，基础阶段的英语教育并非培养专业的英语人才，而是提高学生对英语的实际运用能力与综合能力。这种综合能力主要体现在学生的英语语言技能掌握程度、英语语言知识储备、个人的情感状态以及相关的学习方法，教师要从多个方面去培养学生英语全方位发展。这五个方面的课程内容为英语教学评价提供了多维的评价标准，它不再限于仅仅考查学生语言知识与技能，重视学生之间的个体差异性，同时考查学生自我学习和"用语言做事"的能力。

（三）评价主体的多元化

在过去传统的教育评价系统之中，学校的管理人员或教育行政部门主要负责单独评估其他人，是教育评价的主体。当这两者作为评价主体时，那么教师与学生完全是被动评价状态的，对于评价结果只能默默接受，没有辩驳的机会。但如今的英语课程评价不再同于以往，而是在新时期的教育方针指导下具备了新的重要特点，那就是评价主体的多样化。换言之，教育评价不再仅仅是由教育管理部门或者学校管理人员完成，而是由学生的自我评价、学生之间的相互评价、教师评价、家长评价等形式组成。如此一来，既可以使得评价主体更加多元化、更加全面，从多方面、多角度对教育活动进行更为客观、科学评价，还能够使原评价对象教师和学生不再处于被动状态，而是处于积极参与的状态。这种变化的出现，无论是对教师还是学生而言都是有益的，既可以保证教学质量，也能够提高教学效率。

（四）评价方法及评价工具的多样化

以往的教学评价方式单一，评价者采用纸笔测试形式的终结性评价对学生的知识能力掌握状况进行评判，注重考试结果。这类评价通常采用大规模的测试形式，如学校的期末考试或学年升学考试，学生往往"一考定终身"。而现在的主要评价方式之一，就是以表现性评价和档案袋评价为代表的形成性评价。教师通过课堂观察、问卷调查、访谈、口头报告等方法对学生的日常学习成长状况进行评价，或采用课堂观察明细条目的质性评价方法对课堂授课状况进行测评。

在进行选择评价方法时，应当充分考虑到各种相关以及潜在因素对评价结果的影响。所以最好方式是采用定性与定量相结合，自我评价与其他评价相结合，结果评价与过程评价相结合，诊断性评价、形成性评价与终结性评价相结合的方法。如此一来，在保证能够充分发挥不同评价方法的优势和长处的同时，还能够消除其他评价方法的缺点和不足，使评价的结果更加客观、公正，更容易被人们所接受、信服。其中形成性评价与终结性评价是日常教学中的主要评价工具，两者的侧重点各有不同：前者注重考查学生的综合语言运用能力，后者有利于监控和促进教与学的过程。

（五）评价方法的合理化

在选择评价方式与评价工具时，需要以实际教学目标为基础，充分考虑评价方式的合理性，推测该方式是否真的符合实际教学目标需求。测试是为了得出精准的信息，而不是为了形式上的流程，所以不能为了追求便捷性而忽视真实性。对于初中阶段的学生而言，其英语学习的主要目的是牢固基础，所以教学的目标也应当是有助于学生提高求知欲的，要能够有效帮助学生形成良好的英语语感。因此初中英语的评价应采用贴近课程实践、贴近生活语言使用的表现性、合作性的评价为主要评价方式，让评价成为激励学生学习、展示自我、提升自信心的手段。初中阶段的语言学习内容有了较大的拓展，学生逐渐开始对语言内涵产生规律性认识，因此评价的方式和手段也应反映学生语言学习的深入和认识能力的变化。

多元性和多样性是语言评价发展的方向和必然结果。现代英语教学评价可归纳为评价标准、评价主体、评价对象、评价方式、评价形式多元化。英语教学评价的发展史与现代教育评价的发展一脉相承。

第二节　英语课程评价

一、课程评价的理论基础

课程的存在就意味着必须有对应的课程编制与课程评价。而课程评价的作用很好地反映出两个重要问题：第一个问题是课程的结构是否完整，课程的内容是否真实适用于当下的教育目标？第二个问题则是对于具有教学目标与预计效果的课程而言，是否存在一种手段，能够让学生在该类课程指导下顺利完成学业并达到预期效果？课程评价旨在控制课程的质量。

课程目标的定义、课程内容的选择和组织、课程的实施和课程的评估不仅是课程发展必备条件，也是课程编写和评估四个关键要素。课程发展的主要任务是制定教育目标，但是这个教育应该是以学生为基础的，应对学生的知识需求进行必要的研究与分析。另外，现代社会生活的研究以及专家和科学家的建议也是教育目标的主要依据来源。

确立目标之后就是对目标的表述。泰勒指出，教育目标的表达可以分为行为和内容两个方面。语言行为目标有三个特点：第一，它们必须描述应该表达的行为，而不存在任何的歧义与个人主观因素；第二，它们必须描述这种行为应该表现的条件和情况；第三，它们应该解释可接受服务的标准。因为教育目标是一个明确的方向，如果这时候没有对目的的准确描述，那么与其相关的教学内容、教学方法以及教学评估都无法正常进行。

教育评估的本质并非研究课程，而是一个确定教学课程和具体大纲，实际实现教育目标的程度的过程。课程开发和评估应遵循以下路径：确定多种需求的教学目标、用行为表达教育目标、构建适当的教育情境。其次，还需要选择各种评估方法来评估标准的实现程度，系统分析学生行为的优缺点，针对实际的教学情况对教育计划提出改进建议。

课程评价要以课程方案和课程标准设立的目标为依据，从行为及内容两方面对学生进行评价，并根据评价的结果改进课程实施和教学活动。这意味着课程标准本身的目标、理念、级别划分等将成为教师进行教学和评价学生学业的重要参照。

二、义务教育阶段英语课程标准和评价

（一）英语课程标准的特点

我们所说的课程标准，是指对学生在学习一段时间后应该知道和能够做什么的定义和表达——what students should know and be able to do？在通常情况下，这种课程的标准都会包括几个内部相关的标准，特别是内容标准（学习领域的定义）和表现标准（水平的定义）。而国家对课程标准要求就是教科书、教学、评估和考试提案的主要依据，也是国家对课程管理和评估的理论依据。课程标准应反映国家在不同阶段对学生在知识和技能、过程和方法、情感态度和价值观方面的基本要求。其次，每门课程的性质、目标和内容也应当得到具体要求与限制，再依据国家的标准对课程进行梳理，并提交与之相关的教学方案和课程评估建议。

课程的设计应当以整体目标为准，既要考虑语言学习者自身的相关因素，还要考虑课程学习渐进性、应用性等因素。课程的评价方式也应当及时调整，致力于观察了解、培养学生的英语综合运用能力。遵循了语言学习规律、符合语言学习特点的目标设计和科学合理的评价理念，为教师在日常教学中有效实现英语课程目标奠定了基础。

（二）课程标准评价建议

课程评价要求教师将评价理念和手段有效地运用到日常教学当中，从而帮助学生认识自己、改进学习，同时提高教师的教学效率与管理水平。基于此，课程的设计应当满足以下要求：第一，要充分尊重、发挥评价的积极引导作用；第二，要在评价中充分体现出学生的主体性位置；第三，要体现评价内容和标准的一致性；第四，注重评价方法的合理性和多样性；第五，设计有利于

监控和促进教学过程的评价；第六，在使用综合性评价时，应当重视学生对语言的综合运用能力；第七，需要关注教学与评价之间的关系，不能过分偏向某一方；第八，对于中学阶段的学生而言，评价的方式应当以鼓励为主；第九，要根据学生的实际情况，合理设计和实施考试。

课程评价改革是一个关系到课程改革整个系统的问题。当前教师在依据课程标准进行评价时，所遇到最为明显的问题，就是当下以课程标准为基础的教学要求与实际的课程考试评价未能完全一致，这也是亟须解决的问题。在以往的以终结性考试成绩为评价标准的理念当中，教学的主要内容侧重于语言知识及结构，学生缺乏实际运用语言的能力。以教师为中心的课堂当中充斥着大量冗长重复的机械操练，学生学习英语的积极性不高，也不具备语言学习应有的学习策略和文化意识。长此以往，语言学习的社会文化特征、实践性特征等被忽略，语言学习对学生综合人文素养和良好个性品格及价值观发展的促进作用无法得到体现。

上述情况的出现在某种程度上也对语言教师的职业素养提出了挑战。经过相关的研究显示，适切性课程评价需要依托于现实社会发展的实际水平，因此适切性课程并不是独立存在的。而教师素质状况则是选择适切性课程评价的主观条件。因此，教师需要学习、了解评价改革的理念，学习和使用各种评价方式及评价工具，同时关注课程标准评价方式及其带来的中高考评价内容和形式的新变化。此外，进一步研究制定义务教育阶段的学科内容、完善各个学科的评价标准、完善初中阶段与高中阶段的入学考试，也是改变理想与实践不能相互关照困境的出路之一。

第三节　英语教材评价

一、教材评价的原则

教材是将课程理念转化为课堂学习内容及学习活动的重要媒介，倘若教材的体系很完整，结构也合理。那么这种优质的教材，就能很好地促进学生英语的系统学习和语言技能的发展。知识丰富、内容精彩的教材不仅能够为学生提供语言材料，还能很好地为学生展示其他国家的文化。因此，优质的英语教材在一定程度上促进了学生对世界的理解，增强了学生跨文化意识和跨文化交际能力。对于教师而言，灵活多样的教材也有利于其在教学中更好地配合教学目标的开展。

教材编制与评价应遵循以下原则。

（一）科学性原则

英语教材内容的选择应能反映最新的语言教学发展趋势。我国英语教材的发展经历了三个阶段，教材的开发分别体现了结构主义语言教学理论、结构—功能主义语言观以及以"培养学生的综合语言运用能力"的核心思想，中学的教材编写呈现出多样化的趋势。教材内容从注重听说领先、强调句法练习发展到注重"培养学生的交际能力"以及课程标准所强调的培养学生"用英语做事的能力"。

英语教材编写是否具有科学性，关键在于教材是否符合英语学习和英语教学的客观规律。在进行英语教材编制时，应当具备以下两种思维方式：第一，语言现象应当直接呈现、仔细讲解语言规则、灵活解释语言的运用；第二，教材内容不应该通篇理论，而是要适当地编入相关的话题讨论与活动，通过真实的运用让学生对英语印象深刻，进而更好地去学习和掌握英语。因此，编制教材时需要遵循既注重语言形式又注重语言意义的思路。从学生学习心理角度来讲，在早期语言学习阶段开始探究式学习，能增强其兴趣和信心，由此获得的语言意识有助于其语言习得。

再者，教材编制的思维应当是发展性思维，其内容也应当考虑到各种相关因素。比如，教学活动中的积极因素或者滞后因素，它们都是会对教学进展产生影响的。所以在编制教材时，不能重复出现同一个知识点。教材编写者应认真研读课程标准及教材，合理把握教学的要求，对教材中出现生词的教学要有所侧重。新教材编写在强调语言素材真实性和时代性的同时，要避免出现各类生词较多给学生带来新的学业困难的问题。

（二）真实性原则

教材应尽可能选择真实、地道和典型的语言素材。教学的目的是适应现实生活，是为了能够让学生更好地去体验、进入生活。所以编制教材时也需要以真实的生活案例为主题，而不能脱离现实，脱离现实的内容是没有意义的。教材需要以现实生活实践为线索，去引导学生学习。例如，引导学生在现实生活中尝试使用英语交流，最后再思考交流过程所遇到的问题，以此来检测自己的真实英语能力水平。教材编制应以"用英语做事"为核心创意、以"话题"为结构主线来确定语言知识项目的筛选、分类、编组，从而引领教学指导过程、学生认知内化过程和技能熟练过程。

作为教材编制与评价者，应该认识到语言输入的"真实性"是一个相对概念，真实性应结合语言材料的具体使用进行讨论。在英语教材中出现的语言材料，应当符合教材使用者——学生的实际认知水平和语言能力，教材知识内容不能与学生实际能力差距过大，否则学习是毫无意义的。倘若教材内容与学生差距过大的情况得不到纠正，那么就容易出现教学结果与预期目标脱节的情况。而真实的语言材料如以非真实的方式使用，如以注重语言形式的机械操练、回答问题为中心的练习，其真实性也会大打折扣。

对教材是否具有"真实性"的衡量指标，是看学习内容的编排是否以学生感兴趣的真实生活话题为主，词汇语法等语言知识的学习是否是在话题引导下的真实语境中习得的，最终的评价标准以学生能否用语言进行交流或做事为准则，而不再是单纯检验语言形式如词汇的多寡或语法的正确与否。教材的选材应尽可能取自英语国家真实使用的语言材料，如图书、网络、广告等语言媒介中所使用的材料。

（三）系统性原则

教材编制的系统性表现为教材应涵盖系统的语言知识。从实际编写教材的角度来看，教材应当具备的内容显而易见，教材应涵盖英语语言知识的各个方面，包括生动有趣的文本、愉快的活动、语言策略、新的教学技能和正确的语言使用示例。

多元教学大纲是体现教材编制系统性原则的设计思路之一。教学大纲的核心思想是在课程设计和教材编写过程中，全面审视语言学习的要素，如语法、词汇、功能理念、主题、情境和任务等，并将这些要素结合起来，如英语语法和技能的结合，任务、功能和主题等。在组织课程内容时，一个或两个元素（例如主题和功能）通常被用作重要的指向，但是同时也需要考虑到其他元素。需要注意的是，课程的重点会随着课程教学的进展而发生改变。例如，课程在初级阶段，选择主要是作为指向、线索的功能，并根据功能注释选择相应的语法元素，但是当到了相对高级阶段，主题和任务就变成了重点，其他方面根据主题和任务的需要进行排序。

除此之外，教材的分类还体现在教材的组成部分是不是一个完整的系统，是不是来自教科书、教师用书、练习本、地图、挂图、录音录像带、多媒体光盘等立体教材，教材媒介的形式、篇幅长短、版面安排、图文形式色彩等是否有利于课堂教学和学生自学。

（四）趣味性原则

语言学习材料主要作用就是帮助学生更好、更快地掌握语言知识。因此，在进行材料选择时也需要考虑到是否符合学生的真实需求，从而最大限度地激发学生的学习兴趣与能力。恰当地选编生动有趣、富有内涵的故事，会使学生在语言和心智两方面都得到发展。趣味性的教学材料应根据课程教学内容和教学目标，创设真实情境，编排游戏教学活动内容。教师应根据趣味性的教学材料的内容创设最有利于调动学生全身心力量的情境。

教材的趣味性内容还可以为学生提供合作学习和间接学习的积极情境。当学生处在这种具有趣味性的学习活动中，他们的活动场所是开放的，对应的学习活动项目也是较为丰富的。学生在完成活动的过程中互相观摩，团队合作，从而实现间接学习与合作学习。

（五）发展性原则

发展性原则主要是通过学习的某些相关因素体现的，如学习者自身的真实水平、学习兴趣点、学习动机、爱好风格、习惯使用的学习方式等。教材应该教会学生学习，应该为其思想提供资源，为其学习提供活动，为教师的课堂行为提供依据。教学中的教材可以很好地体现出学生的语言综合运用能力。教师在充分了解学生的情况下，就能够有效地帮助学生去选择使用适合自己的教材，学生在语言的学习上也会更加轻松。基于此，英语教材作为学生必不可少的材料，在其编写过程中应当充分考虑学生发展，积极引导、培养学生的英语语言综合运用能力，提高学生的实践水平。

与此同时，除了学生之外，教师也深受教材的影响。因此教师在使用教材给学生教授知识时，教材对教师本身也有一定的培训作用。教材的创新也是教师教学方式、知识的一种补充。所以，教材编写工作者在编写教材的时候，也需要考虑教材对教师个人以及职业发展的影响。教材能够为经验不足或偶尔对自己语言知识不确定的教师提供指导和支持。

二、教材评价程序

学校可以选用国家或地方教育行政部门审定的英语教材。学校以及教师在选定教材之前，应对教材进行全面、系统的评价。新课标对教材评价内容提出了几方面的建议。

（一）评价教材的教学指导思想

教材的教学指导思想，其实就是指以教材为基础的语言视觉、语言视觉的语言教学观，同时，基于语言视觉、语言视觉之上的教学观也是教材的教学指导思想。因此，教材的观点在某种程度上决定着教材内容的生产。教材编写者的语言观将从不同角度反映在教科书的内容上，包括语言教科书的编写和课程的选择，理想的教科书应该体现科学进步的语言观。

（二）评价教材采用的教学方法

教材的教学方法是指教材在内容选择、内容安排和教学活动设计等方面的具体依据和参照，每一本教材都能体现某种英语教学流派或方法。教材的编写应体现先进的英语教学法，而当今强调以学生为主体的发展学生综合语言运用能力的教学方法是教材编制的主流内容，对于其他教学方法应当兼容并用。

（三）评价教材内容的选择和安排

教学内容的选择与安排，是基于教材使用对象的需求的。以英语教材来讲，它为了发展、提高学生英语语言的综合运用能力，根本目的也是如此。基于此，英语教材内容的安排需要参照以下两个方面：第一，使用者在学习英语语言知识过程中的客观规律；第二，使用者在学习英语过程中对教材的真实使用情况。语言知识与技能的难易程度和学生学习的多样性及不同需求，增加了教师合理安排教学内容的难度。

（四）评价教材中的语言素材

之所以要进行语言学习，就是为了能够通过语言知识学习，掌握语言技巧，最后在实际中得以运用。所以，在进行英语教材编写时，需要保证教材素材是与实际生活中的语言一样的，其语法、语句等都应是最为准确的。随着网络的普及化，真实语言素材的选取途径越来越广泛，在素材的选取上就应重视语言质量，选取为素材的语言应具有准确性、当代性、真实性、明晰性和可读性的特征，以不断增强学生学习的兴趣。

（五）评价教材的组成部分及设计

现代英语教材开发的特征之一是形成了立体化教材体系，教材不再是单一的课本，而是包括学生用书、教师用书、练习手册、卡片、挂图、音像资料以及多媒体光盘等。这使学生可以从不同角度通过不同媒介进行学习，有利于发挥不同学生的学习潜能。与此同时，在教材篇幅、版面等设计上也应图文并茂，以符合学生的心理特征。

第四节　英语教学评价

一、英语教学评价范畴

在通常情况下，教学评价是可以以评价范畴的大小来划分为多个类型的。比如课堂教学评价、教师评价以及教学工作评价。在这三种评价中，课堂教学的评价范畴是最小的。其包含的评价内容主要有：教学目标、教学素养、技能导入、提问技巧、讲解技巧、板书技能、互动技能、知识展示技巧、活动组织技能、结课技能以及主要的教学目标，这些都是属于课堂教学的评价内容。

与课堂教学评价相比，教学工作的评价范畴就要大很多。教学工作评价既包括了课堂评价所有的评价内容，同时还会对课堂外部的教师教学工作标准进行评价。课堂外部的评价内容包括：课前的备课工作、课后辅导工作、作业批改工作、考试内容设计工作等。

二、英语课堂教学评价理念

新课程标准指导下的课堂教学评价的理念力求体现"以人为本"的评价观，强调在教学中既关注学生的学习结果，又关注学生的学习过程，教学评价应有利于促进学生综合语言运用能力的发展，有利于促进教师发展。

（一）关注学生发展

若想要进一步提高学生语言知识的综合运用能力，作为教师需要充分了解英语知识教学的整体性，积极发挥英语教学目标的导向作用。在教学活动中，应当尽可能地体现出学生的教学活动主体的地位，增强学生的求知欲。因此，教师在进行英语教学时，除了要依据课程标准进行授课，还需要起到组织者与领导者的作用，让教学活动顺利、有序进行，力求更好、更快地帮助学生完成英语语言知识学习、完成相关技能目标。此外，还应注意运用正确恰当的课堂教学策略，培养学生语言的学习兴趣，开展各类语言交际活动，让学生学会用语言做事。

（二）重视以学论教

在课堂教学中，教师可以通过"以学论教"的方式进行授课，让教学活动的节奏适度由学生掌控，这有利于学生自主学习，提高其学习效率。在该过程中，可以通过观察学生的情绪、学习状态、态度、思维方式、学习成效等方面，为评价教师课堂教学提供评价维度。对课堂教学的评价可以从以下方面进行：教学是否能使学生产生浓厚兴趣、学生是否对语言学习具有好奇心与求知欲；教学能否吸引学生关注讨论话题、能否促使学生积极参与课堂教学活动；教学设计能否营造有利于学生进行语言交际的课堂情境或气氛；学生最终能否掌握应学的语言课堂知识，是否具有初步的语言交际技能，是否对未来的语言学习充满信心；等等。

（三）关注教师发展

教学是一种以教与学为主要内容的师生互动活动，在教师促进学生学习的同时，学生的反馈也促使教师不断反思教学、改进教学，从而获得专业发展。

教学反思是指教师客观思考与评价个人的教学过程，提高自身的教学领悟力及教学质量的一种能力，是教师改进课堂教学实践的一种途径。教学反思是教学的重要组成部分，教师通过教学反思，能够重新观察与审视课堂教学状况，对自己课堂教学设计、教学行为、教学方法、教学活动、教学效果等以批判性的态度重新思考，在反思中不断发现问题和解决问题，同时深化与修正对教学的理解及教学实践，提高自身职业水平。

三、英语教学评价目标及内容

英语教学评价通常是围绕如何进行和达到有效课堂教学而展开的，其评价内容细节往往根据不同评价者的切入点而有所不一。一般而言，可以分为重视过程的评价与教学目标评价、教师综合素质评价。

在通常情况下对教师课堂教学过程进行评价时，应评价教学质量、课程安排、内容呈现方式、对学生需求的应对、教材的适应性等。评价手段包括档案袋式评价、需求互动分析、教学效果分析、教学过程评价、教师观察等。从中可以看出，这些评价侧重于教学过程评价，在评价策略上往往采用以课堂观察为主的形成性评价。但是，这种基于课堂观察的教学过程评估手段在效度、信度、成绩加权和调整等方面仍有许多关键问题需要解决。

评价一堂课可以从结构、内容、效果三方面入手，课堂教学的效果是教学评价的一项重要内容，所以需要侧重评价课程教学效果以及对实际情况的教学目标进行评价。总的来说，课堂评价可以看作三点：第一，评价目标自身的适切性；第二，评价实现目标的路径适切性；第三，评价实际目标的实现进度。教学效果的评价结果，应该体现在课堂教学是否能够积极引导学生将精力投入学习之中，是否能够激发学生的兴趣与求知欲，是否能够为学生提供良好教学资源，是否能够优化、完善学生的学习方式，是否真实做到了帮助学生解决难题，是否使学生更好地展示学习成果，等等。

现如今的教学课堂具有更大的包容性，作为教师既可以适用传统教学方式进行教学，也可以采取新时期的现代化教学方式。虽然两者各有不同，但是不管是采取何种教学方式，英语教师在课堂教学活动中都应该具备良好的逻辑与发展性的思维方式。英语教学作为语言教学之一，它既是一门学科，也是西方文化的一种载体。因此，英语语言知识在实际综合运用过程中具有明显的竞争力与示范性。作为英语教师，在进行课堂教学内容设计之前需要充分了解当前最新、最有效的英语教学模式，从中借鉴经验，依据自己所处现实教学环境不断完善英语教学方式，进一步增强学生对学习英语的兴趣，提高英语课堂教学的效果。另外，英语教师除了要具备良好的英语语言知识之外，还需要积极为学生提供良好的学习资源。在日常的课堂教学之中，需要妥善处理教师与学生之间的关系，增强师生之间的交流互动，引导学生将所学的英语语言知识运用于现实之中，提高学生英语语言的综合运用能力。这也是对于教师能力评价的内容之一。

课堂教学评价的有效性讨论，在一定程度为评价教师课程教学的评价打下了基础，也是重要的理论依据。在通常情况下，我们在对于课堂的教学进行评价的时候，作为评价者一般都会依据自身比较重视的评价要素为入手点，随后将整个教学课堂的各个属性罗列出来；而各种能够直接或者间接影响课堂的因素，都会被定义为课堂教学评价指标，如此一来课堂教学的评价指标体系就得以形成。对此，有学者对影响课堂有效教学的因素做了如下归纳（见表8-4-1），该表中的排列顺序可交由教师或学生选择并评定。

表8-4-1 影响英语课堂有效教学因素排列表

评价要素	排列顺序
活动设计是否符合学生实际	
是否激发了学生的学习兴趣	
教师的课堂组织和设计能力	
教学目标是否明确	
教学重点难点是否突出、把握到位	
课堂讲解是否清晰到位	
教师的语言基本功	
是否培养了学生的学习策略	
是否兼顾了学生的学习策略	
教师的教态和台风	
是否准确预测并解决了学生的困难	
是否有很好的师生互动	
有无提供学生展示学习成果的机会	
教学设计是否完整、衔接是否自然	
教学效果是否明显、目标是否达成	
课件制作是否精美	

四、英语课堂教学评价指标体系设计

课堂教学评价指标体系的设计，在很大程度上对课堂教学的评价适用性有直接影响。具体表现为课程教学评价能够对教师的教学方式起到实际的优化、完善作用。如今，我国校园对于教师课堂教学所使用的评价方式主要以要素分解法为主，该方法重点就在于"分解"，即评价过程就是遵照从上至下的演绎方式。具体表现为，将一堂教学课堂分为多个层级标准，然后以最高级的标准作为出发点。随后再到二级指标层、三级指标层，以此类推。将教学课堂中的所有相关因素找出来，然后将其作为评价指标，最后课堂教学评价体系就得以形成。要素分解法的优势在于要素独立性强，有利于评价者的理解与观察。从一个角度来说，要素分解法的操作也较为便捷。

对课堂教学评价还可以从教材和教学资料的准备、内容的选择、教学任务设计是否有利于学生参与、课程设计是否具有创新性、课堂教学内容是否具有拓展性等方面考虑。

评价应包括以下具体内容：课堂质量（lesson quality）；课堂组织（organization）；教学内容和教材的适宜性（appropriateness of content and materials）；教材内容的进度安排（arrangement progress of content）；课堂讲解和例句的使用（use of illustrations and examples）；教学目标是否明显（clarity of objectives）；学生是否有练习机会（opportunity for student）；评价是否公平适当（fairness and adequacy of evaluation）；教学辅助材料使用是否恰当（appropriate use of media）；教师性格特征（teacher characteristics）；课堂活动提示与参与程度（prompt and regular attendance）；为学生答疑的可能性（accessibility for consultation）；教材主题相关知识（knowledge of subject material）；沟通能力（ability to counicate）；对学生观点所表达出的尊重（respect for student opinions）；激发学生学习兴趣的能力（ability to arouse interest in subject）；对学生学业成功的关注程度（concern for student success）。

评价者在运用要素分析进行评价体系设计时，要注意到由于这种评价方式是建立在评价者立场之上的外在评价，而其对于课堂教学的整体进程的掌控是比较欠缺的，也缺乏对学生的实际情况的了解，对学生的自主思考能力了解不全面，对学生在学习过程中情感问题、对待学习的态度、学生自身的价值观等问题都不够了解，这就导致其缺乏心理层次的构建过程测量以及相关的评价。另外，在对于教师的发展、学生的评价上重视程度也有待提高。因此，为了改善这种局面，有部分学者提出了发展性课堂教学评价指标体系。而构建发展性课堂评价指标体系，必须做到以下几点：第一，要以教学目标为核心；第二，要适用于实际的问题的解决，设计有利于学生综合能力提升的教学任务；第三，教学课堂应当遵守以促进学生全面发展的教学原则；第四，积极培养学生的学习兴趣、引导学生自主学习；第五，将所学知识真正运用到实际之中（学以致用）。

五、英语课堂教学评价方式

课堂评价的方式包括课堂观察、教师学生访谈、教师学生成长档案等。

（一）课堂观察

课堂观察中研究者或评价者都带着明确的目的。在这里，课堂教学研究者在通常情况下，可以根据自身的感官收集相关资料，还可以通过外部设备，比如课堂录音设备，用课堂教学评价等方式收集资料。资料的收集方式可以是直接的，也可以是间接的，最后通过所收集到的资料制定一种研究方式。与此同时，对于课堂教学可以通过定性观察工具观察，也可以采用定量观察工具进行观察。定性观察工具一般可以着重观察课堂教学的某个方面，如教师指令、提问方式、课堂互动、课堂教学环节衔接等。同行间的听课也是课堂观察的一种形式。

定量观察工具主要指各类课堂教学评价表，课堂教学的评价者，需要在课堂教学听课过程中详细记录各项评价指标的真实情况，随后对各项评价指标给出对应的评价分数，只有通过真实的观察记录，才能得到最为准确的数据，了解最真实的课堂教学情况（见表8-4-2）。

表8-4-2　课堂教学评价表

教学目标	评价项目	评价指标	权重
教学目标实现前提	教师综合素质	语言能力、知识面、基本功、教学热情等	2～3
教学目标设定	教学设计	教学目标和对象，教学重点、难点	0.5～1
教学目标实现途径	教学设计	教学内容及教学材料选择、理解和诠释，教学活动、过程衔接，课件	0.5～1.5
	课堂组织	师生互动、输入输出、课堂驾驭	1.5～2
	学习方式	合作、探究、自主	0.5
	其他	作业等	0～0.5
教学目标实现程度	参与度	学习兴趣、学习主动性、展示机会	1.5～2
	学习收获	学习策略、提出和解决问题、学以致用	1～1.5
	其他	效果检测	0～0.5

在进行英语课堂教学评价表的设计时应遵循以下两个原则：一是评价标准及评价指标应符合英语教学规律、英语课堂教学的特点，并为全体英语教师所接受；二是坚持实事求是的态度，确保评价过程和评价结论的客观和准确。

（二）师生访谈

在对课堂教学进行观察，并根据课堂教学评价表对教师教学进行评价的同时，还可以利用师生访谈了解课堂观察中所不能得到的信息。需注意的是，访谈一般应事先拟定访谈提纲，访谈内容应有针对性，具体而不空泛。

（三）教师学生成长档案

对档案袋的评估通常旨在反映学生的努力、进步、成就和自我反思。在语文教学中，它被用于作文教学。后来发展到阅读、口语和教师培训。教师或评价者可以通过收集有关教师表现和外语教学进展的资料，真实反映教师的专业成长过程，包括基本个人信息（个人数据、个性专业、个人发展计划、实施计划等）、个人记录（课程日记、课程设计、论文、反思等），还有一些领导的鼓励以及同事的寄语、建议等。学生评估和同行评议诊断教师框架的优缺点，提出改进建议，并考虑对教师的全面和动态评估。采用基于质量、量化的评价方法，突出人性化评价。

第五节　英语学业评价

学业评价的重要性主要体现在其能够很好反映出学生的学习成绩，是学生学业进展的重要考核评价。学生的学业发展是一个很长的过程，其中涉及的环节也是各不相同。因此，需要一个科学合理的评价方式来对学生的学业进行评价，帮助学生挖掘自身的潜能，充分发挥自己的特长，建立自信心，不断提高学习效率。同时学业评价对学生的全面发展也具有重要的实践意义。

对学生进行学业评价是教学活动过程中的重要内容。学业评价的功能体现在以下几方面：第一，学业评价制度的存在，其根本目的是帮助学生立下正确的学习目标，辅助学生朝着正确方向前行；第二，对学生学业的评价应当是适度的、恰当的，以此来调节教学节奏；第三，学业评价需要充分考虑到学生的心理因素、个人情感等方向，通过正向的评价引导学生激发自身潜能，为学习创造动力。

近年来国内外学业评价改革的呼声日益高涨，并呈现出以下特点：一是考试次数减少，强化课程作业，将形成性评价与终结性评价相结合；二是学业评价方法多元化，教学与评价整合化，表现性评价和侧重实践技能的考试受到重视并被广泛采用；三是对学生学业成绩和素质的评价大量使用观察日常课堂表现的等级评价量表，以及学生参与评价并记录其发展历程的多功能学习成绩报告单；四是考试评价结合学生年龄特征和学习内容等特点，采用游戏化的、活动化的、动态化的评价方式。

一、学业评价的主要方式

根据不同的评价角度，学业评价的方式分为不同的分类。从评价的目的来看，可以分为诊断性评价（diagnosis assessment）、选拔性评价（selective assessment）等；从对评价结果的解释出发，可分为标准参照评价（criterion-referenced assessment）和常模参照评价（norm-referenced assessment）；根据评价过程的不同，可以分为形成性评价（formative assessment）和终结性评价（suative assessment）等。上述评价方式在内涵上互有交叉。

教师对评价方式的选择往往与教学需要有很大关系，评价方式取决于不同的评价目的。在通常情况下，英语教师作为教学活动的引导者，需要在课堂中主要采取合适的评价方式对学生的学业进行评价。现行最为常用、最为有效的评价方式有两种：一是终结性评价；二是形成性评价。这两种评价方式有着各自的优点，能够对学生不同阶段学习的学业状况进行良好分析。与此同时，终结性评价与形成性评价又存在着区别：终结性评价着眼于学生学业结果，形成性评价则更加重视学生学习过程。因此，教师在决定采取的评价方式之前，需要充分考虑到相关因素，最好是在终结性评价的同时重视采用过程性评价。另外，形成性评价应当包括学生对于自身的评价、学生与学生之间的相互评价、教师对学生实际学业进度的评价、相关教务部门对学生学业的评价。基于此，在对学生进行评价之前，教师需要做好各项准备工作，还可以通过课堂活动和课外活动的记录、学习档案记录、访谈等形式，有目的性地对学生的学习过程进行观察、评估，如此一来既可以起到一定的监督作用，还能有效地提高学生的学习效率。所以，形成性评价可以看作是"How are you doing and how can you be doing better？"而终结性评价则反映"How well did you do？"

二、形成性评价

为了获取学生学业的真实信息反馈，从而对学生进行的知识掌控程度评价的过程，就是所谓的形成性评价。形成性评价是一种专门针对学生相关行为、技能以及相关能力进展的评价。在形成性评价过程中，评价的侧重点集中在反馈信息、调节与判断，也是对学生课堂教学过程具体表现的判断、真实状态、学习策略、参与情况、合作意识等各个方面进行的评判，呈现出全面性、多元性、人文性和开放性、综合性等特点。

形成性评价的优势在于能较为全面地衡量与评价学生学习状况，但其效度、信度、分数评判及加权、成绩记录仍需进一步研究，在实践中有时难以取得应有的效果，学生对形成性评价认可程度亦有所不同。形成性评价的评价方法有以下几种。

（一）形成性测验或诊断性测验

在教学活动中，形成性测验（formative test）是一种经常用到的学习状况测试手段，用来判断学生的学习情况。因此，形成性检测也可以叫作诊断性测验（diagnostic test），主要用于发现学生学习中的优势与不足，了解形成性测验尚未达成的目标，辨认造成学生学习困难的原因，并在教学进程和内容方面做出适当的调整。教师主要通过教学过程中实施的不同形式的简短测验进行，比如简短的口头陈述或卷面测验等。这种测验经常紧密配合教学检查教学效果，形式灵活多样，随时可用，一般随堂进行，时间可长可短。

（二）评价量表

评价量表（rating scales）指通过量化观察获得印象的一种测量工具。它既可以用于现场观察的直接记录与评价，也可用于以经过较长时间的纵向观察印象为基础的综合评价。由于学生学业成绩往往通过行为表现出来，因此评价量表尤其适用于书面材料无法体现的能力或技能，如评价学生英语口语能力等表现，是表现性评价的主要方式之一。

（三）课堂观察

课堂观察（classroom observation）指教师通过观察学生的课堂行为表现、态度变化、参与情况、任务完成情况的过程与质量，分析学生课堂上的各种行为，为教师反思教学效果、完善教学设计提供依据。在英语课堂评价中，教师主要观察学生交际语言运用的能力，结合学生的课堂行为表现、小组活动记录等得到学生参与语言实践活动的效果，从而形成对学生的课堂评价。教师在进行课堂观察之前，应该进行仔细的设计，根据观察目的选择观测点，选择适合的记录方式。

（四）表现性评价

表现性评价（performance assessment）指以学生在真实生活中的语言知识技能运用表现作为评价标准，也称真实性评价。这种不同于客观测验的评价方式的特点在于：它以行动、作品、表演、展示、操作、写作、制作档案资料等真实表现来展示学生口头表达能力、文字表达能力、思考能力、随机应变能力、想象力、创造力等认知实践能力及学习成果与过程，运用在语言教学评价中能充分考查学生在真实情境中"用语言做事"所具备的知识与技能。

（五）档案袋评价

档案袋评价（portfolio assessment）是指搜集和评价学生在一段时间内的作品样本。教师可以收集学生的作文、研究设计作为评价学生学习进步程度的依据。教师在使用这种评价时通常与其他标准化测试的评价标准结合，尊重学生个体差异，从而做到真实和全面地衡量学生的学业状况。

档案袋评价可以分为两种：一种是成果型档案袋，主要记录学生的优秀作品，作为终结性评价的参考；另一种是过程型档案袋，通常包括学生的问题、说明、草案、日记、读书报告、论文修改稿以及学生的自我评价等。

学习档案作为形成性评价的一种工具，对于学习者的自我计划、监控与评估起着非常重要的作用，对培养学生的自主学习具有非常重要的作用。学习档案是培养学生学习自主性的理想工具。档案袋评价在教学中应用的作用体现在以下几方面：一是促进学生提高学习成就感；二是促进学生提高元认知技能，学生通过反思学会分析自己的学习模式与学习进展；三是促进学生承担学习责任；四是帮助学生获得良好的学习策略。

（六）自我评价

自我评价（self-assessment）是指设计自我记录卡让学生对自己的学习行为表现进行动态观察记录的一种方式。教师可指导学生设计自我评价量表，如在进行英语书面表达训练时，可要求学生自我检查、自我评价或相互评价反馈，将书面表达中所犯错误填入"书面表达课堂形成性评价记录卡"中，并对错误进行自我订正或互相订正，自查原因或互查原因，这样不仅有利于学生通过独立思考分析并改正错误，也有利于教师进行督导。以此类推，这样的自评卡还可以扩展为口语、阅读、听力、提问等课堂形成性评价记录卡。

除上述评价概念外，也有学者提出真实性评价（authentic assessment）、过程性评价（process-oriented assessment）、动态评价（dynamic assessment）等概念。这些评价方式的特点都是将学生学业成就的发展与其日常的学习行为表现联系起来，以全面、综合、客观地评价学生学业进步状况。

三、终结性评价

终结性评价（suative assessment）通常指学习过程结束后对学生的学习成果的测量，其目的表现为在一段相对完整的教学阶段结束后，对先前设定的教学目标实现程度进行检测与评价，属于结果性评价，它所传递的信息多被用作学生个体发展、升学、奖励的凭证。

（一）标准参照性考试

标准参照性考试（criterion-referenced test）是将考生的行为与预先设定的能力、目标或者技能标准做比较，从而确定考生的表现是否达到某种标准，而不是对考生之间的成绩做比较。学业水平考试属于标准参照性考试。

标准参照性考试的关键步骤是制定考试的内容范围和细则，即制定要求考生达到的、详细的、具体的标准，其作用主要体现在以下几方面：一是给命题者编写试题提供内容准则和技术指标；二是给审题者审核试卷所覆盖的内容范围为测试目标提供明白无误的内容说明；三是解释被试个体即考生的能力水平；四是给用人单位提供详细的考生所拥有的具体能力或技能的内容和范围。

标准参照性考试的优点有两点：一是根据人们所能做到的，制定有意义的标准，而且标准并不因人而异；二是能激励学生达到这些标准。

（二）常模参照性考试

与标准参照性考试不同，常模参照性考试（norm-referenced test）用于将某一个学生的行为（通常用分数表示），与参加同一次考试或者同一种类型考试的其他学生做比较。在小规模考试中，常模指同一组学生的平均分数；在大规模的标准化考试中，常模代表不同地区、不同时间参加同一种类型考试（不一定是同一份试卷）的学生的平均水平。由于考生人数多，他们的成绩往往呈正态分布，一般用倒U型曲线表示。

标准参照性考试和常模参照性考试之间存在诸多不同。首先，两者测试的目的不同。标准参照性考试将考生的水平与课程目标规定的标准做比较，以描述考生的行为，决定考生是否达标；而常模参照性考试的目的是将考生与考生做比较，以区分每个考生成绩的高低和好坏。其次，两者对描述内容领域规范的详略有所不同。标准参照性考试比常模参照性考试的内容细则更详细、更明确。再次，两者对测验同一学习任务或目标所用的试题质量不同。标准参照性考试的试题舍取以是否违背内容细则和命题标准为原则，试题统计仅用于比较两份平行的标准参照性试卷，题目与学习结果直接关联，不强调试题的鉴别力，测验信度不适合用统计方法；相反，常模参照性考试的选题标准往往取决于试题的统计数据，强调难易适中，试题具有鉴别力。最后，两者对考试分数的解释不一样。常模参照性考试解释考分的基础是常模，成绩只是考生在考试中相对位置的体现；而标准参照性考试以考生完成题目数量的百分比来考查学生的学习效果，教学目标是解释分数的标准。教师应了解上述两种考试的异同，以便根据不同评价目的选用恰当的评价工具并对其结果做出解释说明。

四、考试试题编制及评定

英语课程标准提出的终结性评价方法之一是"应通过理解与表达的任务来检测学生运用语言知识的能力"。因此，教师在进行试卷的设计时，应在试卷的结构和内容以及形式和评分标准上体现"考查学生的综合语言运用能力"这一理念。语言知识的考查应尽量涵盖对语音、语法、词汇、话题和交际功能等方面的测试，题型和题目设计要注重创设语境，在语境中考查语言知识，同时应关注学生语言学习策略掌握程度和跨文化交际意识及能力的考查。

（一）编制原则

编制的原则有六项：考试题型、考试内容应与课程目标相一致；考试内容应能反映学生学习内容；考试应选用不同题目类型检测学生学习结果；考试结果应满足测验结果的特点用途的需求；考试应尽可能保证信度并谨慎解释测验分数；考试应有利于学生改进学习。

在试题编制理论中，对题型的设计可分为选择—反应测验题目（selected-response test items）和论文写作题目（essay writing item）。其中选择—反应测验题目主要用于检测学生，其题目类型包括多项选择题、正误判断题、配对题和论文写作题。

1. 多项选择题

多项选择题通常由一个题干和四或五个选项组成，其中一个正确选项，其他的则为干扰项。编写原则为：一是注意题目要有鉴别度，能使有能力的学生选出正确答案；二是干扰项应是貌似合理的选项，其用词或形式不易被轻易识别为错误选项，以避免出现学生靠猜测选对答案的可能；三是应避免使用正确选项成为唯一有限定条件的选项（如包含If条件的从句），另外正确选项也不应被设置为所有选项中最长或最短的句子。

2. 正误判断题

正误判断题可以看作多项选择题的一种形式。由于此种题型答题的准确概率为50%，因此应慎重使用。

3. 配对题

配对题一般用来检测学生对众多概念的理解。题目编制人通常设置AB两栏相对应的概念及其解释供学生进行搭配。为避免出现学生猜测答案的现象，教师可以在B栏中提供多于A组题目数量的选项或要求学生重复使用B栏内容。

4. 编写和评价论文题目

论文写作题考查学生的分析、综合及评价等语言综合运用能力，这类题目具有答案多元、方法多样等特点，能对学生高层次的思维能力和问题解决能力进行有效评价，并能对学生的情感、态度和价值观进行考察。这类题型的编制的重点在于确立评分标准。

基本要素分析法（primary trait analysis，PTA）是进行论文写作题型编制的一种有效工具。PTA具有高度清晰的标准参照，其等级的划分根据试题的类型、内容、评分的可操作性等综合权衡，分为三、四、五、六等不同等级。根据这一要求，作文写作的基本要素可分为词汇、语法、句法结构、中心思想、连贯性、逻辑性、清晰性、创新性等。按照上述基本要素，作文写作评价可以分为如下五个等级（见表8-5-1）。

表8-5-1　写作评价标准

等级	分值/分	评价标准
A	25~30	用词准确，语法正确，语句连贯，句式结构有变化，观点鲜明，表达清晰，逻辑性强，有一定新意
B	19~24	用词基本准确，有少许语法错误，语句较为连贯，句式结构有一定变化，能表明一些观点，基本能清晰表达自己的观点
C	13~18	用词和语法有一些错误，语句基本连贯，句式结构单一，观点不够鲜明，表达不够清晰
D	7~12	用词不够准确，单词拼写有误，存在不少语法错误，语句不够连贯，句式结构单调，表达不清晰，理解有难度
E	0~6	用词和语法错误很多，句子结构不清楚，表达混乱，没有或只有个别句子可以理解

（二）分数等级的确定

对于学生学业成绩评定有不同的方法，较常用的有以下几种。

1. 运用字母等级（assigning lettergrades）

运用字母等级对学生学业成绩进行评定是常见的一种方法。一般为A到F的体系，每一等级代表一种评价。如果在各个等级之后设定加减符号，那么学生的成绩就可分为13个等级，即：A+、A、A-、B+、B、B-、C+、C、C-、D+、D、D-、F。针对少数学业成绩落后的学生，教师也可能使用P/F（及格/不及格）以及M/NI（掌握或需要改进）等字母符号来评定学生是否达到课程标准。

A＝superior，exceptional，outstanding attainment

B＝very good，but not superior，above average

C＝competent，but not remarkable work or performance，average

D＝minimum passing，but serious weakness are indicated，below average

F＝failure to pass，serious weaknesses demonstrated

2. 运用数字评分（assigning figure grades）

数字评分体系一般有两种数字符号体系，一个是0~100的等级，即百分制，另一个是平均等级分数。百分制是教师对等级体系中的所有组成部分按100评分，60分以下通常被视为不及格。而等级平均分数（grade point average，

GPA）体系其实是给字母分数赋予数值，即A＝4、B＝3、C＝2、D＝l、F＝0。

3. 表现性评分

传统的评分方式尽管提供了与他人相比自己做得如何的相关信息，但单纯的分数无法反映学生学业的真实表现，也不能为学生提供如何改进的信息。因此，教师在对学生学业状况进行评价时，应综合考虑学生日常学习行为表现及考试成绩等。

9

第九章

英语教学研究和
教师专业发展

第一节 教学研究的价值和功能

一、教学研究的价值取向

教学研究是课程观和教学理念转变的催化剂，其价值主要体现在以下几个方面。

（一）使教师成为教学研究者

教学研究使教师不再是单一的教育研究成果的实践者，它可以生成教师教育智慧、转变教学理念，将教师教学经验上升到理论层面，使教师成为教学研究者，为教学提供专业解决方案，探索出教学实践的新理论，创建新的教学方法。

（二）搭建教育理论研究者与教学实践工作者之间的桥梁

教学研究者与一线教师，曾经各有各的分工，教学研究与实践相分离。研究者的身份不是教师，不接触课堂教学现场，侧重于用思辨或实证方法去发现普适性的理论原则，造成教育理论与实践之间的脱节。而有关教学的理论知识大都来源于教学实践，科学研究范式应是研究者通过对一线教师的教学研究，搜集以日常真实课堂教学为背景的文本数据，开展实证研究，以此提升教育研究的客观性与规范性。帮助研究者发掘日常教学的深层意义及寻找教学过程中的问题所在，更有针对性地帮助教师解决他们所关心的实践问题。

（三）促进学生发展

学生是教学活动的主体，教学是为了促进学生的发展。教学研究关注学生成长的各种因素，寻求理论的支撑、进行教学实践研究的探讨，是促进学生发展的有效方法。

（四）为教学管理部门提供参考依据

有效的教学管理对教学的影响是全局性的、决定性的。要实现教学效能的发挥、教学质量的提高，需要通过教学研究来揭示教学活动的特点和需求，以寻找最佳教学管理方案。

（五）校外群体的需求

家长、课程设计者等校外群体也有了解教学活动的规律与特点的需求，他们可以通过教学研究及其成果来了解学校的教育教学理念、实践，课程实践存在的问题，等等。

二、教学研究的功能任务

（一）探讨教育教学规律

教学研究揭示教学活动内在的特性，构建、丰富、发展教育教学理论，帮助教学活动更加规范与更有效率，在具体的教学实践活动中概括出行之有效的、普遍性的规律与原则，以及有针对性地解决一些教学活动中的问题，等等。

（二）发展教学理论，改进教育实践

教学研究具有双重功能，既可以丰富、发展教学理论，也是改善教学实践的导向。一方面，教学研究是指教师把教育教学实践活动本身作为观察对象，并运用相关理论知识加以分析，进行理论总结与自我反思，如将已有的研究成果用于教改实验、教师培训等。另一方面，在教学研究过程中，教师的参与使其本身的专业素养、教学理念、教学能力等已经发生了变化，对教育实践产生了新的影响。

（三）建立教师应对教学事件的机制

知识、技能传授过程是有一定的规律和原则的，从这个角度讲，教学可以在遵循规律的前提下进行事前预设。但教学也是一个不断生成的过程，充满了偶然性与不确定性。每一节具体的课涵盖了许多小细节，很多因素的变化都会导致教学细节处理的不同，教学活动也全不是按事前预设的那样按部就班地进行，这使得课堂教学充满变数，需要教师具有教学应变能力和创新能力，并在瞬间见诸行动，在具体的教学场景中展现自我的灵活性与独特性。

（四）促进教师教学个性的生成

教学是富有个性的创造活动。任何教学活动都不可避免地打上了教师个人的烙印，留有教师个体的创造痕迹，它是富有个性的。

教育研究可以推动教师对教学行为进行个性思考。教学普遍性原则是指导教师教学的一般规律，但并不能激发教师的创造意识与能力。教育研究能帮助教师揭示具体教学现象的意义，激发其对教学活动的个性思考与理解。因此，教育研究让教师发现教学活动的意义而非原因和结果，使其从教学实践中建构情境性的、非概念式的教学案例。

第二节　教学研究的方法

英语教学研究是对英语教学的常规管理及常规活动进行的观察与研究，其重点不仅是研究教学过程的规范性与教学效果的实效性，也包括以教学理论为基础，探索其本质、特点、关键，以及学生学习与发展的规律等，以解决英语教学管理及教学中的具体问题，指导教学行动。

一、教育行动研究

（一）教育行动研究的基本理念

教育行动研究以探究和解决教育实践问题为宗旨，是教师在教学实践真实情境中发现问题、研究问题，以解决实际问题，推动教学有效改进的一种教育研究活动，也是教师在教学实践中，与研究人员合作，为了解决某一教育实际问题，运用教育教学理论，行动和研究相结合，在实践中灵活地调整行动及研究策略，以探索解决问题的有效途径，解决教育教学实践中的具体问题，并在教学过程中实践并建构理论，促进教学有效开展，提高教学质量的活动。

（二）教育行动研究的基本特征

1. 行动性

研究课题的设计源于真实的教学场景。研究课题的开展不仅要借助于问卷调查、统计数据，更重要的是将问题置于课堂相关因素之间和课堂教学背景中予以探究。在师生互动过程中，将教育理念转化为教育实践，以定性的方法探究、反思教学活动，研究以行动开始，在行动中进行，以行动质量的提高与否作为检验研究效果的标准，最终达到教学理念的提升，实际教学问题的解决，合理教学方法的建构。

2. 真实性

行动研究的主体不是专职研究人员，而是从事教育实际工作的教师或教育工作者。研究者要参与到课堂实际教学工作中。研究课题不是单纯的资料收集和整理，而要通过现场行动去发现、研究和解决问题。

3. 循序更新性

行动研究是一个循序渐进的、不断更新的过程。教师从理论研究到行动研究，再验证或产生新的教学理念，最后将新的教学理念应用到教学中，改进实际教学。研究与行动相结合，循环往复，也促进了教师专业的成长。

（三）教育行动研究的基本模式

1. 行动研究与传统教育研究范式对比

行动研究与传统教育研究范式在研究主体、研究场景、研究方法、研究过程和研究目的等方面有很大的不同（见表9-2-1）。

表9-2-1　行动研究与传统教育研究范式对比

	行动研究	传统教育研究
研究主体	学校和一线教师	大学教授、专家学者等
研究场景	学校和课堂情境	变量可控的环境
研究方法	运用观察、反思、日志等质的方法，理解和改进教育事件	运用实验、对比、测试等量的方法揭示变量之间的因果关系
研究过程	自下而上，重视结果和过程	自上而下，重视结果是否验证假设
研究目的	理解情境，改进实践	验证理论，提供宏观指导和决策

2. 教育行动研究模式的共同点

教育行动各模式基本由螺旋循环模式演化而来，遵循观察—计划—行动—反思的循环顺序。实施过程一般都经历以下几个阶段：界定问题—行动假设—实施行动计划—反思行动—记录与传播结果—修正问题—实施下一个循环。

教育行动各模式的实施过程均充满变数。在行动研究中，不论认知、实践还是反思都充满变化，计划、行动需不断修正、调整，这也体现了行动研究的持续性、发展性与开放性。此外，教师在行动研究过程中不可能回到真正的原点。不能因循守旧地信奉这些研究阶段，没有什么是不可更改的，许多环节在研究中甚至会发生改变。

（四）教育行动研究的基本过程

计划，即确定要研究的课题。对教育、教学现象进行分析、探讨，或对教学上、学生方面存在的问题进行调查分析，以寻找具有普遍性和研究价值的问题。如，列出3~5个在教学实践中想要研究的问题，再按所需解决程度进行排序，选择其中一个作为行动研究的内容。可以研究学生的习得方式、学习态度，可以研究教学技能，或是对所任教的年级的英语教与学进行研究，等等。根据筛选出的问题，查阅与研究问题相关的文献资料，了解是否有人已做过类似的研究，寻找行动计划的理论支撑，以获取开展行动研究的理论指导。将所想到的方法列举出来，看哪种方法可应用到教学中。

1. 行动

对研究对象进行录音、录像，写观察记录，设计调查问卷、测试题，对所收集的数据进行分类，并用图表、文字及数字进行分析、说明。行动必须有充分的灵活性和开放性。随着教师对问题的认识不断深入，要根据实际情况的变化不断调整解决方案。行动过程中允许不断修正计划，要考虑意料之外的、正在发生的各种变数。

2. 反思

反思行动研究实施的效果，寻找问题解决的最佳途径。对在课堂行为、课前计划与课后评价中所观察到的现象进行反思；分析并解释行动的过程和结果所产生的现象和原因，看是否达到预期目的，是否对未来的教学实践能力产生影响，有没有发现新的问题，以确定解决方案是否需要修正；总结行动研究的经验，撰写论文或小结，为继续开展行动研究提供参考。

（五）英语教学行动研究案例

某初中的王老师，承担了初中两个班的英语课，其中一个班的英语成绩平均分排名年级最后一名，拟提高这个班的英语成绩。他一方面改进课堂教学，另一方面加大作业量，以加强听说读能力。一学期结束后，期末考试平均分仍排在年级最后一名。王老师深感这个成绩与学生做作业所付出的精力相比，相差甚远。因此，他设计的研究题目是：作业布置的质与量对教学效果的影响。其实施步骤如下：

1. 计划

阅读有关学习教育教学理论及有关如何有效布置英语作业的文献资料，从中了解英语作业的目的、形式、作业量与效果等相关理论。确定以改进英语作业的质和量，提高教学效果作为研究主题。通过观察及设计调查问卷，收集和整理学生对英语作业的意见，从中找出练习题重复、缺乏难度、题型单调等原因。根据分析研究，王老师推出行动假设，对英语作业题结构进行调整，即每次作业均有模仿型练习题和综合应用型练习题，进行英语作业改进的研究。

2. 实施行动

根据行动方案，王老师开始进行改进英语作业的实验。观察并记录学生的作业正确率，撰写研究日志，留意在此过程中出现的新问题。当发现中等成绩以下的学生完成应用型的练习题有一定困难时，分析与诊断产生问题的原因，及时调整综合应用型练习题的难易度，修正方案，循序渐进，让学生做题效果逐步提高。

3. 评价及反思

进行单元测验。发现该班学生英语作业情况有所好转。这表明，注意英语作业布置的质和量，随时调整作业的难易度，对提高练习效果确有成效。王老师决定在今后的英语教学中扩大实验成果，精选作业，在布置作业的过程中注重质与量、难与易相结合，以提高作业的实效性。

二、教育叙事研究

（一）叙事研究的理论基础及研究方法

1. 理论基础

（1）哲学现象学和解释学

哲学现象学和解释学为叙事研究提供了重要的认识论和方法论。现象学强调以直接的、交互的方式回到事实本身，主张描述所看到的事物本身呈现的事实，关注事实背后的意义，摆脱空洞的理性思辨回归教育生活世界本身，以直观的方式探索事物的本质。解释学则从方法论角度主张对经验性文本进行解释和理解。

（2）文学的叙事学

教育叙事研究与文学的叙事学一样，在叙事时要考虑叙事的情节、结构和语境，通过对现实事件的描述再现，提炼并显现出其中蕴含的教学意义及教学理念。

2. 研究方法

叙事研究方法借鉴了人类学的方法，即在做田野研究时进行观察记录，通过记录自己的切身体验以探讨对教育教学的解释。同时，社会学使用的行动研究，及语言学中的符号互动理论等都成为叙事研究的方法。

（二）教育叙事研究的概念、性质及特征

1. 概念

教育叙事研究是指教师或研究者叙述发生在教育中的故事，传递这些故事所承载的教育学意义，是一种以叙事的方式进行的教育研究活动。教育叙事的指向是从经验到意义，即通过讲述教育事件，对有意义的真实教学事件进行分析，发掘内隐于其中的教育理论、教育的本质、规律和价值，帮助教师或研究者审视、辨别事实，发现之前未注意到的事情，寻找故事背后的意义，彰显其中的新内涵，这是教师参与教育研究的途径。教育叙事可以是纪实性的，由教育当事人叙述自己的故事，形式可以是教学日记、个人传记、个人经验总结、研究报告等，可以是旁观者叙述当事人的故事，或适当加工的虚构的叙事，也可以是某次谈话中听到的，或阅读文献著作了解的故事，或以其他方式收集到的材料。教育叙事的目的是改进教师的教育教学实践，丰富教育科学理论。

2. 性质

叙事研究实质的研究。实证研究过程中，采用统计数据的方式来描述事件的，称为量的研究，采用叙事的方式描述事件的，称为质的研究。质的研究多采用历史研究法、访谈法或者观察法；量的研究多采用问卷调查法、实验研究法。量的研究通过数据统计的方式来描述世界，而质的研究通过讲述具体事件来描述世界，并将相关的教育理论隐藏在叙事的深处。

叙事研究是描述性的研究。教育叙事研究是实证性的一种描述研究的方法，大多是以个案的方式展开的。选择独特的个案，以描述事实为主，体现个人的洞察力和对教学情境的敏感，保持中立态度，就事论事。

3. 特征

教育叙事研究具有主观性和真实性。

教育叙事研究的主观性。这体现在对教学过程中细节的取舍、课堂气氛的描述、师生状态的分析等方面，叙事者采用主观的心理分析、教育理念、价值观、人生观对教学实践经验进行描述、分析及解释，重构教育经验，从中可以看出叙事者的教育信仰、价值观念和理论视角。

教育叙事研究的真实性。叙事研究需要清晰、真实地描述出事件，力求客观地再现故事本身，让听者或读者能对故事做出自己的判断，准确地诠释其内隐的信息。

（三）教育叙事研究的类型

教育叙事研究可涵盖为教育行动研究和人类学研究两大类型。

1. 叙事的教育行动研究

教育行动研究指的是中小学教师自己展开的教育研究。教师所叙述的内容涉及自己的教育实践及其某些教育问题的解决过程，教师的"叙事研究"就成为"行动研究"，即"叙事的行动研究"，教师可以通过研究，总结自己的实践经验并将其提升为教育理论。

2. 叙事的人类学研究

人类学研究是指学术研究者以中学教师为观察和访谈的对象或文本展开的研究，即教师作为叙事者成为研究者的观察和访谈的对象，或教师提供文本，所叙述的内容并不涉及教师教育实践的改变过程，这类叙事研究属于教育领域的人类学研究。研究者尽量使所叙述的教育现象与某种理论框架相匹配，以保持教育理论与教育实践之间的互动；通过教师叙述可以引起其对自身教学实践的反思，从而改变教师的实践。

（四）教育叙事研究的过程

教育叙事研究的过程是指从现场、现场文本到研究文本的整合及转换过程。可分为以下四个阶段：确定研究问题、进行现场观察或访谈、整理分析资料和撰写研究报告。

第一阶段为确定研究问题。第二阶段为田野作业，叙事者或研究者在现场进行观察或访谈。强调研究者参与研究对象的活动，从整体上对各种影响教育的因素进行考察。第三阶段为整理分析资料，形成现场文本。现场文本形式多样，可以是故事、访谈、音像照片等。第四阶段是撰写研究报告，即从现场文本到研究文本。研究文本要回答意义和重要性问题，即通过解释、讨论和叙述对各种影响教育的因素进行分析并得出结论。

（五）教育叙事研究报告的写作

叙事研究并非单纯地把自己的经历与体会表达出来，而是通过叙述来反思教育实践的合理性及重构教育实践的理论意义以优化教育实践质量。教育叙事提供现象，从现象学得到第一手材料，需要抓住一个教学主题进行深入分析、探讨和反思，需要一定的理论功底来进行叙事研究，既要体现理论对实践的解释与洞察力，也要通过反思与重构来丰富个人理论。因而叙事研究写作要从事件的典型性、个人的理论水平、研究思路、表达、分析、反思的角度等多方面进行考虑，要有一定的深度和广度。

三、基于课堂教学的研究

对课堂教学的研究可分为长期目标研究和短期目标研究。长期目标研究要求教师依据课程教学大纲，进行教学设计、实施和评估，从而制定使学生达到长期目标所要采取的教学策略。短期目标研究是指在某个阶段内，通过课堂观察与教学引导，对学生的形成性学习习惯和成绩进行研究，并随时调整教学策略，最终达到长期目标。课堂教学模式研究多种多样，面对不同的学生、学情、教材，研究结果也会千差万别，教师要针对自己的教学环境去探讨课堂教学。以下是基于课堂教学的一些研究方向。

1. 因课型而异的课堂教学研究

英语教学常规课型有阅读课、词汇课、听说课、写作课、语法课，还有综合任务活动课、练习课、复习课、讲评课等。这些课型都是值得研究的话题。基于合作学习理论的初中英语听说课堂教学互动研究，采用非参与式观察，以课堂志及开放性访谈为辅助研究法，记录及分析大班英语课堂教学中师生的言语活动，揭示基础教育阶段大班英语教学课堂语言互动现状及存在的问题与困境，并尝试提出相应的解决途径。

2. 单元整体教学研究

英语课本内容每个单元都有一个主题，进行研究时可围绕单元主题对教学内容进行整体规划，挖掘单元主线，拟定总教学目标、找准教学重难点，以整体性方式设计该单元教学流程。例如，单元整体设计研究，是基于单元设计的文本内容再构的行动研究，将单元设计分为语篇教学、会话教学、综合板块教学，教学研究活动沿着这些主线展开。还可以将课程按单元教学内容的特点划分为"知识""技能"和"应用"三部分，各部分依据教学内容特点采用不同的教学方法，分别组织教学。

3. 课例研究

课例研究是基于课堂的研究，但不只是规范性探究，更侧重于理解取向的阐释性探究，即对教学活动进行"深描"（thick descriptions），理解与诠释教学活动的意义。课例研究认为不同观察者对同一节课的观察和解释可为授课教师提供不同的观点，是教师对课堂行为与活动的合作研究。

4. 课堂教学移植研究

移植研究是指把他人在教学中一些行之有效的做法和经验运用到自己的教学实践，或用已有的理论改进自己教学实践，产生新的领悟，使教师知识有新的发展。其本质是重新创新，而不是简单地复制与照搬。移植研究的方式有经验移植和概念移植。前者主要是教师通过听课观摩，观看教学录像、教学论文，教学研讨会等形式，借鉴他人的教学经验，进行教学实践，以实现经验移植。后者则是教师学习已形成理论体系的教学模式、程序和方法，逐渐内化用以指导自己的教学。教学过程千差万别、复杂多变，在移植过程中应进行分析、思索和加工以抓住其教学经验的实质及理论依据。

5. 英语生命课堂研究

首先，生命课堂教学的核心以"主体间性"教育理论为支撑，在界定主体时，通常会考虑其自身具备的"他性"因素，所谓的"他性"也可以看作为"主体间性"。"主体间性"概念涉及的内容是非常多元化的，其中包括现象学领域、解释学领域、存在主义领域、后现代主义哲学领域，等等，能够使主体与客体之间的对立性逐渐消退，使主体的中心逐渐消解。"主体间性"指的是主体与主体之间所构建出的一种和谐关系，是通过语言行为、互动行为、对话行为、交往行为来实现的。若是将"主体间性"看作是一种教学理论的话，将其渗透在教学工作当中，就能够使学生与教师之间的关系跨越以往的"主体性"领域，上升到"主体间性"范畴。

6. 英语课堂话语研究

此研究涉及的因素比较多，其中包括对话语量、提问、话语链、语码转换、反馈形式、交互式结构的调整，以揭示英语课堂话语的一些独有特征。如可依据提问的不同类型及其功能进行研究，英语课堂提问与焦虑控制，研究英语课堂教学流程里母语的大致使用情况，并针对话语链中蕴含的会话模式进行实证调查和研究，包括英语课堂多模态话语教学研究，学生发言体验的现象学研究，英语教师元语言行为与课堂互动等。研究英语课堂话语各种特征的最佳方式之一是建立英语课堂话语语料库。只有做好前期的研究工作，才能够收集到有效的语料，之后需要对收集的语料进行检测，标注出语料是否具备可行性。在构建初期语料库时，需要经历以下几个步骤：①语料工具的设计；②语料样本的选取；③语料文本转写；④语料的具体标注。

7. 课堂教学语境研究

课堂教学语境的研究有动态语境和静态语境之分。课堂教学去语境（脱离语境）的静态分析可以是对教材的研究、对英语教材二次开发现状的调查研究、不同出版社的英语教材之间的对比评析、使用某个版本的英语教材的实践与反思、多媒体教材与传统教材的整合、英语校本教材的开发与使用等。语境中的教学动态研究，可对教师角色、教师课堂话语行为等进行观察及研究，基于英语课堂教学中纠错策略运用的探究，英语课堂教学中小组讨论的误区及对策研究，英语课堂建构学生英语技能的策略，英语课堂多模态话语教学研究，英语教师教学体态语的误用分析，英语教师元语言行为与课堂互动等。

8. 项目驱动下的英语课堂教学模式研究

这种研究把教学内容融入某个项目的实施过程，打乱教材中的英语教学内容，使之分为不同类型的教学任务，根据每一个教学设计具体的教学项目，之后再进行英语教学。

四、课题研究的一般程序

在课题研究中，一般包含几个基本的程序，如下：①课题研究方案的具体制定程序；②课题开题的研究程序；③课题研究的具体研究程序；④课题研究结束程序。

第一，课题研究方案的具体制定程序。以假设的形式提出具体研究的问题，这样便于理清研究的具体思路，也能够形成比较清晰的研究流程。进一步确认课题研究的具体方向，使研究目标、研究主题、研究形式、研究计划、研究的具体分工都得到落实。

研究课题开题，即课题设计和论证。研究者从科学性、创新性、应用价值以及进行研究的条件等方面对所选课题的目的意义、研究现状、研究内容的基本框架、研究价值、研究基础、研究条件、研究方法、研究思路、课题研究的视角、研究分工、研究经费等进行分析、设计和论证。其中，课题研究方法需要考虑采用什么方法和技术手段收集研究材料、整理和分析材料、研究程序的合理安排。通常情况下，课题研究采用的手段分为以下几种：①观察统计法；②问卷调查法；③测验法；④文献资料法；⑤经验总结法；⑥比较研究法；⑦案例研究法；⑧教育实验法；⑨动作研究法；⑩反思研究法；⑪质的研究法。

所谓的课题研究，是将研究方案与方法中的具体要求作为主要任务，开展各种研究活动，如调查研究，反思总结交流，专题研讨，备课、观课、议课，专题讲座辅导，学习考察等。

结题，是指当一项课题试验周期完成后，须对整个课题的研究过程（包括其原因、经过、结果）进行系统全面的总结，要呈现此项研究所获得的确凿的事实，并在此基础上进行理论分析和阐述，撰写结题报告（或研究报告）。主要阐述："研究了什么问题""为什么要研究""怎样研究的""产生了什么后果""得出了什么结论""取得了哪些成果""研究中还遗留了什么问题""今后的研究方向"，等等。撰写结题报告之后，再写一份结题申请，连同此项研究的全部过程性材料（包括立项通知书，开题报告，研究方案，调查问卷，课题组成员每一阶段的研究计划，方案，实验前期、中期及终期的相关对比数据，阶段总结，结题报告，结题鉴定书，结题申请，研究过程中所取得成果的复印件，等等）复印件及原件一同上报上级立项部门，申请结题。

第三节　校本教研

本节论述的是在"校本教研"范畴下的行动研究。在"教育行动研究"理念的引领下，教师成为教研组活动的研究者，教师作为反思性实践者，其专业发展规划，成为校本教研所研究的主要对象。

一、教研组活动

（一）"同伴互导"的教研组活动

所谓的同伴互导，是指在教研组活动中教师与教师之间能够产生彼此信赖、相互支持以及互相帮助的情感，能够在教学活动和教学组织安排上给予对方宝贵的意见，也能够将自身的工作经验分享给对方。这种类型的教研组能够让教师产生归属感，彼此分享教学工作经验，使双方的沟通距离被有效缩短，这样就能够达到改善自身教学状态的目的。另外，教师还可以利用分享阅读、共同讨论、观察示范、课堂反馈等多元化的形式，来落实同伴互导，使教师可以在活动过程中学习到新型的教学理念、教学模式，能够对自身的教学策略、手段做进一步的改进和完善，这样就可以提升初中英语的整体教学质量。

教研组是学校按照一定规则（如同年级、同学科），进行教育教学管理、开展教育教学研究的业务性群体和组织形式。同伴互导的教研组活动以专业发展为指向，依靠组内的专业引领和研究氛围，通过教师之间的交流沟通，相互支持和合作，共同进步，对改进教学进行反思性的专业探究，激发教师对专业的追求，使其主动提升自我，由此便可以实现英语教师专业能力的提升和专业素质的发展。相关的学者通过研究得出，互相指导的教研组活动当中，参与者会体会到极大的自信：一方面，自信来源于同伴的信任与支持，另一方面，自信来源于同伴的支持与鼓励。

实际上，教研活动的具体流程和本质目标，就是为了有效解决教学工作的相关问题，确保教研任务顺利完成，使教学长期、短期目标得以顺利实现。一般情况下，常见的形式有：①研习形式；②示范形式；③互助观察形式；④反馈形式；等等。教师们利用上述几种形式，针对学校工作或者教学工作中存在的某些问题进行谈论和研究，在教育教学过程中将解决问题的方法付诸实践，予以验证其有效性。若教学效果仍未达到目标要求，同伴教师要及时指出，帮助修正，进行调整。

（二）教研组类型

1. 传统型教研组

根据学科或者年级形成的教研组，存在不同年龄阶段的英语教师，每一名教师的专业水平也有所不同。要注意教师在专业上体现出的共性，也要关注每一名教师在专业教育中展现出的普遍性，如教师在教育教学实践中可能会遇到或存在的问题，设计解决问题的方案，进行听课评课，对教学活动进行集体反思。在整个教研活动中，这是一个不断循环往复的行为改善过程。

2. 以课题研究为核心的教研组

集结对研究产生浓厚兴趣、能够主动加入英语课题研究的专业教师，这一教研组的成立，本质目标是培养专业英语教师成为研究型的英语教师。

3. 分层教研组

即新教师与老教师、专家教师与普通教师等的教师组合。这一组织以帮助刚刚参加工作的青年教师尽快适应常规教学实践为目的，关注学科教学中的一些常规性、技术性问题，使青年教师能胜任日常教学工作、学生工作。

4. 学习型教研组

学习类型的教研组将目标定义为拓展英语学科教师的整体教学能力。教研组的教师在日常教育教学工作中可以互相观摩教学活动。教师与教师之间的关系是以共同参与、相互观摩、互相学习为核心的。教研组的构建可以是同年级的教师，可以是同学科的教师，可以是跨年级的教师，可以是跨学科的教师等，无论是哪一类型的教研组，均将发展英语学科教师的专业能力作为切入点，强调主观能动性，以构建出一种积极主动的氛围，使教师与教师之间更愿意投入到切磋环境中，这样就能够将个体的自我培训形式发展成为群体的互学形式，并且能够使二者相互融合、相互统一。

5. 学科教师研讨教研组

教研组的组成分为两个部分：第一，骨干教师，这些教师所从事的学科是相同的；第二，优质青年教师。这是一个具有特殊性的群体。教研组强调的是这两部分组成者的协同发展。关注、研讨课程与教学改革中的热点问题，旨在建立一种平等的合作共同体，使双方起到相互提升的作用。

（三）教研组的功能和价值取向

1. 保证学科教学质量

想要保证英语学科的教学质量，就必须成立教研组，它是保证学科质量的第一责任者，要在日常的工作过程中对英语学科的一切教学内容负责，其中，最重要的两个部分是课堂教学和教学质量。教研组中的组长需要不断听课和评课，从而强化教学组织管理的有效性，另外，还需要检查与评估英语学科的教学工作，必要时给予指导和督导，以此才能保证英语学科的整体教学质量。

2. 开展教育教学研究

教研组具有一项非常重要的功能——教研活动，也就是我们常说的教学研究职能。对教学过程中存在的问题要积极主动地去解决，在解决方式上要具有创新性、创造性特征，其中包括：①教学目标的具体制定过程；②教学的具体设计过程；③教学内容的筛选过程与原则；④英语教学方式与手段的应用；⑤现代化教学方法的应用情况与反馈机制；⑥教学评价体系的实施过程以及最终成效；⑦检验学生最终学习成果的方式方法。

3. 促进教师专业成长

实际上，教研组存在的意义就是推动每一名教师在专业路上的发展。教研小组的活动形式是多元化的，例如，组内公开课、组间公开课、观摩课、研究课。还会根据不同年龄阶段的教师、不同级别阶段的教师，实施不同类型的听、评课活动。教师正是在与同事切磋教学的过程中得到发展的，因而教研组是更新教师教育观念、促进教师专业发展的理想方式。教师之间的听、评课提供了展示及交流的平台，也是教师群体共同发展的重要渠道。

（四）教研组活动内容

1. 传统的教研组活动

依据课程大纲，布置教学常规工作、统一教学进度、传达教学会议精神、学习一些教育教学方面的文章、编制测试题等。

2. 集体备课

集体备课可使教研组成为步调一致的集体，加强教研组成员的凝聚力。对备课过程中遇到的问题进行探讨；挖掘教研组优势资源，教师之间的差异就是很好的教育教学资源，要充分开发利用，注重充分发挥教师个性特长，使教研组成员之间互相取长补短，以利于提高整个教研组的教学水平。此外，以实际教学中遇到的问题作为备课的切入点，寻求问题解决的策略，为更有效地进行课堂教学做好准备。

3. 专题活动

教学活动由"个人活动"转变为"集体活动"。设计与教学相关的主题，通过不同的形式，如专题观摩课、专题研讨会等，在组内成员间进行分享与交流，如：如何使学生在课堂上由被动接收到主动学习；在课堂上如何体现学生是学习的主体；课堂内外教师的导师角色；教学评价与教师专业发展之间的关系；小组合作学习的探索、分层教学的探索；新课、讲评课、复习课、练习课等综合课型探索，听说读写等技能课型探索；多媒体教学的探索。还可以针对教学过程的某一步骤进行探讨和交流，如新课的导入、提问的设计、练习的讲解、下课前的小结、课堂上的非言语交际、如何激发学生参与课堂的兴趣、提高小组合作的有效性策略等。

4. 评课议课

评课议课的主要目的是从教师自身的成长与发展需要出发，着眼于教师专业发展。在评课议课过程中，不仅要对授课教师的教态、板书、语言表达等进行评价，对教学设计、教学方法、学法指导等也要予以客观的评价及交流，使教研组内形成互相研讨争鸣的氛围。

（五）开展教研组活动的途径

1. 问卷调查法

问卷调查可涵盖各类要研究的问题，以获得总体的、普遍性的信息。例如，可以调查某个教研活动对教师是否有效，教师对教研组活动的期望等，也可以调查教学策略或学生对教学效果的反应等。

2. 案例研究法

选取教研小组内一名教师，就某一课时进行示范教学，小组中的其他教师以观摩者的身份参与评课活动。示范教学后，共同交流研讨，并提出具有操作性的建议。针对该课型的教学策略进行及时的反馈与互动。

3. 比较法

我们可以将其看作是学校与学校之间的比较，不同学校之间的教研小组进行比较，具体的内容包括：各学校教研小组活动内容的不同之处；各学校教研小组活动方式的不同之处；各学校教研小组活动对教师职业发展起到的影响和作用。

二、教学反思与改进

（一）个人反思

教师可以对制订的教学计划、教案、教师教学叙事、教学录音录像、课堂观察记录等进行自我反思，不断发现自己在教育教学活动中存在的问题或值得进一步完善的地方，为进一步的行为改善打下基础。

（二）教研组反思

所谓的教研组反思，指的是将教学实践作为出发点，教师结合自身的经验对某一教学实践、某几个教学事件进行讨论和交流，得出不同的体会与经验结果，在这些信息中找出观念的共同点或者个性化的内容。这样的话，就能将内隐形式的教学经验转化为理论化的教学经验，会对下一步的教学工作产生指导作用。

1. 观摩性反思

教师与教师之间可以互相观摩彼此的教学活动，在观摩的过程中要具体观察对方的教学组织形态、教学流程、教学步骤、教学氛围以及教学活动项目等，要在对方的教学设计中找出针对性较强的部分，要在其教学行为中找出比较得体的部分。同时，还需要观察学生在课堂上的学习情况，如参与性、积极度等。教师与学生之间的互动与交流也是观摩的一个重要内容。这些都是教师在自己教学工作中不能发现的节点，要做好详细的记录和汇总。在课程结束之后，上课的教师与听课的教师，需要从不同的角度来阐述教学过程中的理念、策略、行为以及效果等，从而对其进行有效的反思，这样才能在观摩过程中相互学习。

2. 讨论反思

在正式开课之前，教师需要针对自己设计的教案进行反思，目的是依据自身多年的教学经验，来判断教学过程中极易出现的问题，从而对这部分教案内容进行讨论，其中包括：预判学生可能出现的反应；分析教学问题的提出是否具有合理性；教学主题在处理过程中所涉及的技巧是否具有科学性、合理性等。在课程结束之后，教师要回顾课堂上所观察到的内容和细节，总结课堂上的教学体验，找出教学过程中具有重要意义的节点，作为重点讨论的对象。例如：课堂教学的哪一个环节收到了比较理想的学生反馈？课堂上的哪一部分内容所产生的反应是意料之外的？汇总整堂课程的教育工作体会。对课堂教学的教学情况与学习情况进行汇总。归纳上述几项内容，为下一课时的教学方案制定做铺垫和准备，使教学内容与教学设计更加完善。

3. 改进教育教学行为（反思行动过程）

所谓反思，其本质目标是及时发现自身存在的不足之处，同时可以进行自我调整和自我完善。实践—反思—发现问题—解决问题—实践，这是教学行为改善、提高的过程。

三、教师专业发展规划

教师专业发展侧重于教师专业结构的变化及专业结构发展的水平。其过程可用以下公式来表达：教师专业发展=规划+学习+教学实践+反思。

如果教师能够对自身所处的专业现状有深入的了解和反思，那么，这就能成为规划教师专业发展的基础。分析自身个性特点和发展的需要，对专业发展的各个阶段进行设想，制定目标，设计蓝图，激励、引导、监控教师最终达到既定目标。

（一）教师专业发展规划的步骤

若是想要在专业发展上取得较为理想的成果，就需要对自我有一个非常明确的认知与分析。先看清现在所处的阶段，进行客观的自我认知，对自身素质、成长历程、职业取向和目前所处发展阶段进行分析，以了解目前的优势与不足；借助其他手段，如领导、同事、学生对自己的评价、建议，全面认识自己发展的起点，设计出更有针对性的方案。

教师专业素养方面的提升、专业基础的拓展，可以归纳为发展总目标，具体的内容包括以下几点：①教师需要对英语学科知识有系统的掌握；②要对新课程标准下的教学理念有正确的理解；③要不断提高自身的专业能力；④要提高自身的科研能力；⑤要强化自身的职业素养。这需要教师正确判断自己应朝哪个方向改善。

1. 环境因素分析

社会和教育事业环境的规划应顺应当前教育发展的需要，还要考虑学校的办学特色、师资建设策略、教师管理政策、学校的发展需要、学生的发展需要等。此外，家庭与事业的平衡也是教师在规划时必须考虑的因素。

2. 目标定位

设定发展总体目标和分项目标。首先，长期目标，通常是指十年左右的职业目标；其次，中期目标，通常是指三年到五年的职业目标；最后，短期目标通常是指年度职业目标、每月职业目标或者每日职业目标。教师需要考虑到职业发展目标和职业类型，以自身的专业水平为基准，对自身所处的职业状态、等级有明确的了解，要积极主动解决每一职业阶段所遇到的问题，要对自己的职业发展最终目标有正确的认知。

3. 制定行动策略规划

设计为达到目标应采取的措施，如自学、积极参与相关的培训活动，定期参与课堂观摩项目，要以自身的职业发展方向为基准，衡量活动的价值与有效性。

4. 评估反馈，以评估促发展

定期完善自身的职业规划，参照实际职业发展现状来具体规划职业发展目标，使规划与发展能够保持较高的契合度，以实际发展态势为核心，定期对比、调整职业发展计划。教师一定要对自我有一个明确的认知，能够接受他人的评价，能够与他人进行互相评价，在评价他人时，一定要确保评价的内容是有所依据的，一定是基于某一种教学理念或者教育思维，或者是建立在课程标准、教学规则之上的。

简而言之，教师专业发展规划具体操作过程可分为4个阶段6个环节，如图9-3-1所示。

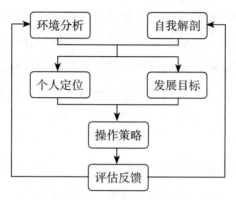

图9-3-1　教师专业发展规划操作过程

（二）教师专业发展规划的框架

教师专业发展规划的总体框架，见表9-3-1和表9-3-2。

表9-3-1　教师专业发展规划的总体框架

项目	内容
自我分析	优势与缺陷、能力、兴趣、需求
环境分析	教育背景、教师专业发展趋势、学校要求、学生需要
专业发展目标	总体目标、阶段目标
专业发展路径	教学、学术、行政或其他路径
行动方案	步骤、策略或措施，时间，条件与资源

表9-3-2　年度规划框架

年度	目标	具体目标	策略或行动所需的支持	完成期限达成的结果	反思与评价

（三）专业发展模式

专业发展从其角度来看，可以分为两种不同的模式：专业纵深方向发展；专业横向发展。例如，一部分教师在认知过程中会特别看重教师等级的晋升，思考如何能够从一名新上任的教师晋升为一名专家教师。有的教师偏向于科研，喜欢研究教育教学理论；而有的教师不仅想教好书，也愿意在行政管理方面进行尝试。

按照教师专业发展职称序列，中学教师成长阶梯可分为四级：第一，合格教师；第二，成熟教师；第三，骨干教师；第四，特级教师。想要逐级提升的话，一定要对专业发展方向有所了解，要对自身的职业位置、职位规划以及职业目标有明确的认知，而后确定自身下一层级的努力方向与目标。

（四）促进教师专业发展的措施

教师发展的重点，应放在科研能力的提升以及教育教学能力的改善上。教师要系统提升自身专业素养，可以通过自学、参加培训、继续学历课程学习、进修、访学。平时在教学中，应多参加研讨会、观摩教学、评课、议课、教育科研、自我反思等。对于新手教师而言，观摩别人的教学十分重要；作为一名具有成熟教育经验的初中英语教师，需要在教学过程中邀请教育专家或者专业同事来评课、议课，这对于教师的职业发展来说，具有非常重要的意义。对教师专业发展规划进行理性反思，要有动态计划观，根据形势和要求的变化，不断调整和修改自己的发展措施。

10

第 十 章

情景教学在农村初中
英语课堂中的应用

第一节　情景教学概述

一、情景教学的概念

"情景"是学习新的语言知识，技能和听、说、读、写能力产生影响的各种环境。从这里可以看出，"情景"包含两个部分，即社会语言的环境和学习者自身的个性特征。其中，社会语言环境对学习者产生了较大影响。情景是指在进行英语教学活动时所采用和设计的各种景物、人物、场景和环境。

情景教学是利用"情景"来进行教学的方法。情景教学法是指在常规教学活动过程中，教师有目的地引入或创设具有一定情绪色彩的、形象生动的具体场景，能够引起学生一定的态度体验，从而帮助学生理解教材，并使学生的心理机能得到发展的教学方法。

情景教学的方法又被很多人称为视听法，也就是指学习者通过看和听来进行学习。"看"是看的具体的情景，包括一些视频和动画，"听"指的是听一些声音，包括录音和其他人的话语。用最合适的真实情景，帮助学生把新语言材料和他们的生活实际联系起来，让学生能够有真实的情景感受，从而达到学习的目的。情景教学形象的教学场景，让学生对知识有更清晰、更准确的认识，情景教学的生动的教学场景也能吸引学生的注意，提高学生参与的兴趣和学习兴趣。所以在初中使用英语情景教学可以克服传统教学的弊端。情景教学有以下几个特征：

（一）英语情景教学以学生为主体

英语情景教学的主要目的是学生英语能力有所提升。要使学生英语能力提升，归根结底还是要学生去学。只有学生对英语学习有了兴趣才能更好地学，情景教学针对学生，激发学生学习的内在动机从而提高学生学习兴趣。

（二）英语情景教学以情景为线索

例如，认识"寻物启事"和"招领启事"。农村初中的很多学生没有见识过这两种启事，不知道这是什么，更不用说写一个启事出来了。在教学中创设一个公告墙的场景，直观地将两种启事展现出来，学生就会很容易理解。

（三）英语情景教学以文化为背景

英语是一门语言，体现了一种文化，因此英语情景教学以文化为背景。比如，每次上课前师生用英语的互相问候就体现了一种文化。

（四）英语情景教学有一定的实效性和参与性

语言的目的是交流，有一定的实际用处，情景教学强调学生的参与，学生通过参与课堂活动等方式进行学习，从而获得知识。

二、情景教学的功能和作用

情景教学的特征决定了它在语言教学中有以下的强大功能和作用：

一是英语情景教学有很强的趣味性，能激发学生学习的兴趣和积极性，能促进学生发挥其主观能动性，特别是在信息技术支持下的情景教学。例如，"寻物启事"和"招领启事"。用多媒体播放一段视频展示给学生，创设通过启事一个寻物和领取丢失物品的情景，很多学生受到视频动画的吸引很快集中注意力。在观看视频的过程中感悟这两种启事，这比仅仅靠老师讲解形象直观得多。而且利用视频呈现，给学生一种身临其境的感受，学生理解更深入。

二是英语情景教学创设说英语的情景，有助于提高学生的听的能力和说英语的能力。良好的语言环境可以让学生感受到语言的魅力，通过听英语和说英语的过程，学生的语言能力得到了锻炼。大多数学生之所以对"Good morning!"这个句型掌握得较好，并非仅仅因为其简单，更多的是因为每天学生都在用。有位教师曾经做过这样一个实验：在初始年级课堂上不与学生问好，结果一个月之后当这名教师向学生说"Good morning！"时，大部分学生非常茫然，不知道老师在表达什么，更不知道如何回答。由此可见，要学好语言就需要多听、多说。有了情景教学，就可以在一定程度上解决初中学生缺乏说英语的情景的问题。

三是英语情景教学能在一定程度上活跃课堂气氛，营造轻松自然的学习环境。情景教学中重要的是创设情景，情景的创设以学生为主体，为了激发学生的学习兴趣，这些情景要生动、形象，且贴近学生生活实际。这些情景将学生从单调的知识中释放出来，让学生感受到身临其境，有助于调节学生学习的状态。学生对课堂活动的参与，活跃了课堂气氛，学生学习起来会感受到轻松和自在。

三、建构主义学习理论概要

（一）建构主义学习理论

建构主义学习观认为学习是一个知识建构的过程。建构主义的学习观，主要强调学生对知识的主动建构。学习就是要在学习者的头脑中建立起一定的知识结构和知识体系。学生对英语的学习就是让英语的词汇、句型等方面的知识在学生的大脑中形成一个知识体系。建构主义强调了学生是学习的主体。

建构主义认为，学习过程是学习者主动建构内部心理表征的过程，是学生的认知体系不断地构建和完善的过程。正如学生能将一个英语单词正确运用在一个句子中，才是真正学到了这个英语单词。学生学习英语就是将英语的语言体系在自己的大脑中不断完善。因此学生自身的知识水平对于学生的学习起着一定的帮助作用。

心理学家认为，影响儿童认知发展的主要有"经验""社会环境"等因素。"经验"指的是学生成长过程中所积累的一些知识。而这里的"社会环境"其实就是一种"情景"，指的是学习者所处的学习环境，包括周围的人和事物。建构主义认为，情景是促进教学的一个必要条件。

学生的学习会受到学生自身对这个知识原有的知晓和理解程度的影响，也与学生所处的家庭、社会等环境有关。我们在强调学生学习的时候需要考虑学生本身的知识面和学生周围的环境，并根据学生已有的知识基础进行逐步完善。学生要学好英语这门语言学科，需要一个良好的英语学习的"情景"，这是一个必要条件。有了情景，学生学习起来有激情，从而更主动、更积极。

（二）建构主义教学观

教师要有明确的知识目标，指导和协助学生根据自己的情况进行知识的建构，从而建构起自身的意义。

最近发展区理论中体现了一种与传统教学模式不同的理念。要求根据学生现有的认知水平和可能达到的发展水平，提供超出于两者差距的内容，发挥出学生的潜能。建构主义者在最近发展区的基础上提出了"搭脚手架"。这就是通过教师在学生的学习中提供帮助（相当于给学生"搭脚手架"），而学生在这个"脚手架"下完成意义建构的过程。在这个过程中，学生成为学习的主体。在这个教学的过程中，教师只需要给学生创设一定的条件，给予学生一定的帮助，让学生自己去主动去完成学习的任务。学生通过这个条件去完成一定的任务，从而完成知识学习的过程。

建构主义提出了"情景教学""随机通达教学法""支架式教学"这三种教学方法。主张学习情景与实际情景的结合。在情景教学中，老师创设情景的过程其实就相当于是老师在为学生搭"脚手架"的过程。学生在情景这个"脚手架"的帮助下，可以得到一定的锻炼，将经历转化成知识。

教师在教学的过程中，要充分地为学生创设情景，情景创设要合乎学生实际，帮助学生将自己的经验和认知联系起来。教师在教学过程中要为学生广泛地创设情景，促使英语教学过程意义化、情景化。情景语言教学要求教师在尽可能的情况下，运用一个完整、协调一致的情景。情景尽可能是真实有趣的，这样才能提高学生的学习兴趣和激发其学习动机。也就是说老师在给学生提供帮助的时候，要充分考虑学生已有的知识水平和能力，使学生能在原有的基础上稍微再努力一点就可以完成。在情景教学中，教师应该思考的更多的是给学生提供哪些帮助和应该怎样更好地给学生提供帮助。

四、学习动机

动机就是人从事某项活动的原因，是人从事活动的内部动力。引起动机的外在条件是诱因，而引起动机的内在条件是需要。比如，一个爱好钓鱼的人听到别人说某个地方好钓鱼，他就会想方设法地去那个地方钓鱼。在这个事例中，这个钓鱼者自身的爱好就是内在动机，而他人的话就是这个人去钓鱼的诱因。学习动机就是激励和指引学生学习的一种需要，它是学生学习的内部动力。学生的学习兴趣会受到多方面的因素的影响，最主要的还是受到学习动机的支配。

从心理学的角度来讲，兴趣其实就是一种想要认识某种事物和想要做某件事情的心理倾向。比如，某歌星的歌迷，想要去参加该歌星的演唱会，对他的演出都不想错过，对于该歌星的一切消息都有想要了解的欲望，这就是因为兴趣。兴趣是一种内在动机，它会对人的认识产生积极的影响，也会对人的活动起到一定的推动作用，有利于提高认识和活动的质量与效果。正是爱迪生对发明的浓厚兴趣，推动他取得了成功。在学习上也是如此。有这样一句名言："兴趣是最好的老师。"对学习的兴趣是最直接的学习动机。比如，现在的青少年对玩网络游戏有着强烈的动机，原因在于他们对这种游戏有着浓厚的兴趣。因此要想学习有所收获，首先就要对学习产生兴趣。如果有浓厚的学习兴趣，那么这种兴趣就会驱使学生去求知，最终变成一种学生学习的动力。

在教学过程中，要想提高教学效率，就必须考虑到学生学习的动机，去激发学生学习的动机。在家长、老师的要求和监督下，学生有了一定的学习的外在动机；联想到自己的前途学生也有一定的想学的愿望，也就具备一些内在的学习动机。但大量事实证明，学生最重要的内在动机是兴趣。情景教学在初中英语教学中具有激发学生学习兴趣、调动学生积极性、增强学生语言学习自信心和活跃课堂气氛的功能。在教学中，只有通过情景教学，根据初中学生的实际特点去创设合适的情景，提高学生学习的兴趣，从而激发学生学习的内在动机，才可能会有更好的效果。另外，老师可以把学生对信息技术的热衷，转化成对信息技术的应用，去帮助学生提高学习的兴趣。

五、信息加工理论

信息加工理论强调处理信息、监控信息并对信息进行筹划。该理论的核心是记忆和思维的过程，而记忆就是过去的事物在头脑中的反映。记忆按其内容可分为形象记忆、情景记忆等。

（一）形象记忆

形象记忆是以感知过的事物形象为内容的记忆，是直接对客观事物的具体形象的记忆。形象记忆的特点是记忆具有直观形象性。人的形象记忆发展的水平受社会实践活动制约，如擅长绘画的人视觉形象记忆很发达。例如，绘画能力很强的人在墙上写宣传标语，一手拿着打印下来的字，另外一只手拿着毛刷在墙上挥洒，一气呵成，与打印本的字体一模一样。不是因为他的书法有多好，是因为在他头脑里记忆的不是文字，而是把这些字看成了图形，他记忆的只是这些形象而已。形象记忆在我们的记忆中起到了相当大的作用。在教学中，我们将知识变成一个个真实的形象，将会对学生的记忆起到很大的帮助作用。

正因为如此，在很多的时候，我们觉得记忆一张图片的形象比记忆一段文字容易多了。很多的专家、学者还根据形象记忆的这个功能，研究出了"形象记忆法"。鉴于形象记忆的强大功能，我们可以把形象记忆运用到我们的教学中。我们把知识点用直观、形象的方式展示给学生，会加深学生对知识的印象。比如，在记忆单词"apple"时，用一个真实的苹果比汉字"苹果"更容易让学生理解。在英语课程教学中，有很多抽象的东西是不能用实物来展示的，我们可以用信息技术来完成。信息技术将枯燥的文字变成图形、变成图像，加深学生对事物的形象记忆。信息技术的运用可以让形象更真实、更深刻，从而达到提高记忆的效果。

（二）情景记忆

情景记忆是指对个人亲身经历的、发生在一定时间和地点的事件（情景）的记忆。情景记忆可以帮助人们进行长时的记忆。在英语教学中，记不住单词、句型等是让很多学生头疼的事，因此我们也可以考虑采用情景教学这一方法来实现学生的长时记忆。比如在教授单词"lion"的时候，很多学生会记不住表示的是什么。采用情景教学，给学生一张狮子的照片，再配上一个模仿狮子的声音的"lion"的发音，学生就会容易记住。使用情景教学，将知识转化成一个情景呈现给学生，学生进入到这个情景中，亲自去感悟、去参与，加深学生对知识的理解和记忆，达到对知识的长时记忆，从而形成对知识的建构。

第二节 情景教学在农村初中英语课堂中的应用

一、农村初中学校信息技术设备配置情况

在情景教学中，我们会用到图形、图像、声音，有时候甚至会用到一些一连串的动作。可是很多时候声音、视频甚至一些小动作是仅仅靠我们自身无法完成或者说完成的效果不尽如人意。这个时候，我们可以借助信息技术来完成。西南大学硕士屈勇认为信息技术作为情境工具，能激发学生的学习兴趣。要更好地实现情景教学，需要一定的信息技术装备。

二、农村初中英语教师信息技术素养和应用信息技术的能力

现在，农村初中英语教师年龄走向呈年轻化趋势。越来越多的青年教师走进了农村学校，这些青年教师很多都是刚出校门的大学生，有一定的信息素养和信息技术应用能力，特别在一些教学辅助软件上有一定的技能技巧。同时，青年教师接收新知识、新技能的能力强，他们愿意去接受新的技能，能很快学习新知识和新技能。这些青年教师是在农村学校推行信息技术用于教学的生力军。在年轻教师的带动下，有一定教学经历的教师也在不断地提升自己能力，包括信息技术的应用能力。每学年，县级教育主管部门都会对广大农村教师，包括广大英语教师开展多种信息技术能力培训和信息技术技能竞赛，促进广大农村英语教师运用信息技术能力的进步和提高。在这种培训中以中青年教师为主，他们对信息技术的运用能力在不断进步中。甚至有的老教师都积极参与到培训中，丝毫不输给年轻人。在这种情势下，农村英语教师的信息素养和信息

技术应用能力有了极大的提升，能够适应新形势下的信息化教学。

三、农村初中学生英语学习特点

农村教学实践中，学生对英语的第一印象就是"好难！"他们觉得记英语单词难，听懂英语语句难，自己用英语说话更难。害怕难，让英语成为他们学习的"拦路虎"，这种畏难情绪也让他们失去了对英语的兴趣。但在学生的心灵深处，他们还是想学好英语。他们不是不想学习英语，而是因为他们觉得课堂单调、枯燥，不能引起他们的兴趣。课后老师给他们布置的学习任务都是背单词和背课文，他们花了大量的时间去背了，但是很快就忘记了，结果感觉学习起来越来越吃力，久而久之就放弃英语了。他们渴望能有一些较好的学习工具来帮助他们学习，他们也希望现在的老师对教学方式能有一些改变，能让他们体会到学习的乐趣。

四、情景教学在农村初中英语课堂中应用的教学设计

情景教学把"情景"贯穿整个课程的教学，其重点在于情景创设。信息技术可以创设真实的生活情景，也可以创设以画面为主体的模拟实物情景。这种情景主要在词汇教学中运用较多。还可以用录音机播放优美的音乐，创设情景，营造气氛，调节学生心情；用多媒体播放一些视频，创设情景，加深学生印象；等等。通过使用信息技术，直观并且生动地展现情景，激发学生参与的兴趣。通过对情景教学的活动的参与，加深学生对知识的理解和掌握，从而提高学习效率。同时，通过活动的参与过程，学生动手、动脑，加深了听的印象，增加了说的机会，使得学生听、说方面的能力得以提高，真正达到学生综合能力提升这一目标。

（一）农村初中英语情景教学设计原则

情景教学有思想性、主体性、参与性、趣味性、实效性五个原则。也就是说在教学设计时，首先应该根据课程内容确定英语课程的教学目的，在充分考虑学生的实际情况下，围绕这个目的来制定课程的"三维目标"，注重学生的思想品德教育，以学生为主体，用学生尽可能感兴趣的情景去促进目标的实现。在教学过程设计中以情景的创设为铺垫展开教学，充分考虑教学目标、教

学内容。

情景的创设需要根据学生已有的认知和经验，结合农村学生的具体特点，以更贴近学生身边的事情来创设必要的教学情景。在情景教学的教学设计中，创设怎样的情景、如何创设情景等情景创设的问题，是教学设计的一个重点。例如，在英语词汇教学中，词汇的情景创设应该以词汇的理解记忆为目的，使用图画来创设教学情景，使用课本上的主情景图来创设情景练习词汇。如何利用现有的信息技术装备进行情景的创设，也是需要考虑的一个问题。良好装备的选择，可以给情景创设增加魅力。在情景创设中，要根据实际需要，合理选择信息技术工作帮助完成情景的创设。创设的情景要简单易懂、生动形象、贴近生活，同时还要易于操作，尽可能充分地发挥学生的主观能动性。

（二）农村初中英语情景教学过程设计思路

在教学过程的设计中，情景创设需要符合学生实际，使学生乐于接受。充分考虑信息技术在情景创设中所起到的重要作用，考虑到每种信息技术工具的优缺点，合理选择和使用。

1. 导入环节：创设情景，激发兴趣

在课程开始前，用多媒体播放一段视频，或播放一段音乐，或展示几张与课堂内容相关的图片等方式创设情景。通过这些与课本文字形式不同的方式在课前导入，激发学生的兴趣。这些图片和视频只有带给学生真实的情感体验，才能吸引学生的注意。

2. 基础知识呈现环节：创设情景，罗列知识

用信息技术创设情景，如采用小游戏的方式，把本课需要掌握的基础知识用情景的形式展示出来。学生从情景中获取信息，并根据自身情况，对情景中的信息进行提炼加工。教师可以通过对学生提问等方式获得反馈信息，从而对学生进行适时的点拨。

3. 练习巩固环节：创设语言环境，学生巩固练习

创设一个对话的情景，学生用所学知识模仿课本上的对话，进行对话练习。创设的情景只有用学生熟识且与生活实际相关的对话，才能引起学生共鸣。通过练习对知识进一步巩固，学生在活动中进一步加深对知识点的印象，加深学生对知识的记忆。同时学生也在练习的过程中，使自身技能水平得到了一定的发展。

4. 归纳总结环节

教师要对学生课堂活动所表现出来的积极态度给予肯定评价，让学生对自己更有信心，能够积极地参与到课堂中去。同时教师还要对于学生活动过程中出现的不足的方面进行归纳，以期后期的完善。同时，教师也要通过对活动的总结，归纳出活动中体现的知识，以进一步促进学生对知识的完善和巩固。

第三节 情景教学对农村初中英语教学的促进作用

一、情景教学对农村初中英语教学的促进作用

情景教学作为一种新型的教学模式，已经受到越来越多的重视和发展。情景教学在农村初中英语课堂中是必不可少的，它带给农村学生真实的情感体验，帮助这些学生完成知识的构建，有利于学生对知识的掌握。不仅仅是英语学科，在其他学科中也可以使用到情景教学，比如，物理中讲到并联电路的时候，很多农村教师就会创设家里灯不亮需要检查线路这样一个场景。采用情景教学的方式在农村初中已经有了一定的雏形，还需要进一步发挥出它的优势，因此情景教学在农村初中的全面展开确实很有必要。

信息技术在情景创设方面起到了非常好的作用。在以情景教学为基本模式的英语课堂教学中，要充分利用信息技术更好地发挥情景教学的作用。使用信息技术可以创设更直观和更生动、更真实的情景。作为农村初中的英语教师，要与时俱进，不断学习，特别是要更好地使用信息技术，提高自身的业务能力。同时，对信息技术设备也应该达到物尽其用的功效，合理选用信息技术可以达到事半功倍的效果，在农村初中实现信息技术与学科教学之间的有效融合。

二、情景教学促进农村初中英语教学发展

随着社会的进步和发展，农村的教育受到了越来越多人的关注，关于农

村教育教学实践的研究也越来越多。同时各级教育主管部门都在加大对农村师资的投入，加快了农村义务教育阶段学校的硬件资源完善。信息技术的不断发展，必将引领教育事业上到一个新的台阶。

在信息技术应用方面，信息技术的强大功能受到了广大农村教师的喜爱，很多老师开始在积极思考如何更有效地发挥出其最大的优势。各级政府和教育主管部门对各学校信息技术装备的投入量和信息技术装备投入种类的增加，给学校带来了信心，信息技术必将带来农村教育事业的革新。

在初中的英语学科教学上面，各级教育主管部门和教育专家对广大农村初中的英语教师业务素质和业务能力提高的培训也对农村初中学校的英语教学水平提供了巨大的帮助，也希望广大农村教师能加大自身信息素养和信息技术能力的学习力度。对于学生方面，情景教学在大多数城镇学校已经全面铺开，城镇学生因此受益匪浅。随着学生成就动机的增强，农村初中学生的学习兴趣一定会得到提高，也定能为学生今后的学习打好一定的基础。期待今后的农村初中学生能有更大的收获，逐步缩小与城镇学生的差距。

11

第十一章

任务型教学在农村初中
英语课堂中的应用

第一节　任务型教学概述

一、任务型教学的定义

任务就是为其他人做事。因此，从这个层面上看，任务可以是给栅栏上漆，可以是给一个小孩穿衣服，可以是写一篇文章，可以是买一朵花，可以是订机票，可以是去图书馆借书，可以是考驾驶执照，可以是打印信件，可以是给他人量体温，可以是分发资料，可以是预订机票，可以是开收据，可以是查地图，也可以是帮助他人过马路。换句话说，任务就是人们在日常生活中所做的一切。

在教学中，"任务"一词还被赋予了其他含义。教学中的任务，与我们生活的现实世界相关的是一些关注语言意义的活动。任务型教学是指，在教学活动中，教师设计出的任务需要围绕特定的交际和语言项目，而学生则需要通过各种形式的语言活动去完成任务，如表达、谈判、沟通、询问和解释，然后才能达到学习并掌握语言的目的。任务型教学法是通过吸收先前多种教学法的优点而形成的，它的实施离不开环境和活动。在教师引导学生进行知识建构的过程中，"任务"起到了枢纽作用，教师和学生通过这个枢纽实现了互动，教师是学习者的重要互动对象，这种互动有助于教师的教学思想得到实践、发展、完善。学生在完成任务的过程中也激发了自己的自信心、创造力和成就感。教师侧重于学习的过程，通过引导和控制学生的思维过程，根据学生在任务构建后的不同反应，确定学生不同的认知特点和需求，从而根据学生的能力教学。

二、任务型教学的理论基础

（一）第二语言习得理论

第二语言习得通常是指在获得母语后学习任何其他语言，而母语和第一语言的学习被称为第一语言习得。第二语言习得是一个独立的学科，其理论形成于20世纪60年代末和70年代初。与第二语言习得相比，一个人进行第一语言习得主要是为了生存。由于语言是人们最重要的交流工具，因此人们使用语言作为交流和沟通的媒介，一个人必须掌握他所处的交际圈所使用的语言，也就是母语，这是为了生存的需要，具有必然性。然而，第二语言习得的动机比第一语言习得更加复杂，对于不同的人来说，他们进行第二语言习得的动机也不尽相同，有的人是为了学术研究，有的人是为了商业交流，而有的人仅仅是因为个人的兴趣爱好。人们从社会、心理和语言学的角度研究第二语言习得。它描述了学习者第二语言的特点和发展变化，以及学习者在学习第二语言时的共同特征和个体差异，并分析影响第二语言习得的外部和内部的相关因素，进而帮助人们去更好地了解语言的本质。

第二语言习得是用两种方式掌握一种语言，一种是习得，另一种是学习。其中，习得是一种潜意识的过程，即在日常交际环境中，逐步地、下意识地、自然地运用第二语言进行交际。而学习是一个有意识地学习和理性理解语言的过程。第二语言习得理论的核心是理解习得与学习的区别，以及它们在第二语言形成中分别起到的作用。该理论认为只有通过"习得"才会直接促进第二语言能力的发展，这是人们使用语言的生成机制。"学习"的结果是对语言结构的深入思考，它只能在语言使用中用作监视功能，但不能将其视为语言能力本身的一部分。语言学习的四个基本条件：学习语言的环境、有机会使用这种语言、使用这种语言的动机、注意语言的形式。

基于目前关于外语学习和第二语言习得的研究，可以达成以下的共识：

一是两者相较而言，习得方式比学习方式更重要。因此，教师应为学生创造第二语言习得的环境，并有效地让学生接触大量可理解的语言输入，帮助学生在不知情的情况下提高他们语言习得的效率。

二是传统的第二语言学习按照语法顺序进行是低效的。仅仅依靠大量可理解的输入并不能使学生达到更高的语言准确度。教师还需要密切关注学生与学生交流时使用的语言形式，并帮助学生随时解决语言准确性问题。

三是"熟能生巧"并不一定适用于第二语言语法教学。如果学生接受机械的语言训练并专注于语法形式，他们可能会暂时掌握语法结构，但是当他们关注语法意义时，他们就无法正确地表达。

四是只有当学习者的任务与个人相关并促进其积极参与时，才算真正有意义的学习。因此，对学习者而言，情感因素对语言的习得有很大影响。

（二）建构主义理论

建构主义强调学习者在主动获取知识方面的积极建构作用，而学习环境中的四个要素强调建构主义在第二语言习得中的积极作用。因为第二语言习得是由学习者自己构建的，而不是由其他人构建的。人为因素在学习过程中有核心主导作用，学生在学习过程中发挥着重要作用，要重视学习过程，反对简单的知识传授。

在学习过程中，学生是知识建构的主体，教师和任务充当了学生学习的中介因素的角色，环境则构成了学生学习的外围因素。其中，任务在知识建构中发挥着关键作用。社会建构理论在外语教学中具有非常重要的意义，它的启示意义主要包括两点：一是更加注重学生在学习过程中发挥的主体作用，当学生具有了具体的学习动机就能自主学习，这与被动和机械学习有很大的不同；二是在教学过程中，教师不仅要满足于语言教学，还要帮助学生营造良好的心理环境和语言环境。

三、任务型教学的类型、特点和目标

（一）任务型教学的类型

在任务型教学中，教师需要设计接近学生实际生活的任务，并引导学生去完成，同时，还需要激发学生学习的动机和学习的兴趣，促进学生的语言发展，以提高他们灵活运用语言的能力。在实际的教学过程中，教师可为学生分配多种任务，包括以话题为基础的任务、以闯关为基础的任务、以语篇为基础的任务等。

1. 列举型任务

列举是我们生活中经常使用的交流方法，生活中，为了解释我们自己的观点，我们经常需要列出一些具体的例子。而所谓的枚举任务就是教师根据学习内容列出相关任务，让学生按一定顺序完成。例如，教师为了让同学理解"animal"这个词的概念，可以让学生列举此概念的具体例证，让学生思考身边有哪些动物，让学生进行动物词语接龙，也可以以小组为单位让学生进行小组活动，轮流让同学模仿某动物的叫声或者形态，同时，让其他的同学猜词。把学生置于此类任务中，能激发学生学习的兴趣，让他们相互交流自己知道的词汇。这样，一方面可以有助于他们接触到不熟悉的单词和概念，另一方面他们还可以加深对某个单词的理解。当然，列举的任务除了词汇，还可以包括人物、地点、事件、工作相关的技能等。通过设置这些任务，教师可以更充分地调动学生的积极性和自主性，并训练学生听、说的能力和学生的思维能力。

2. 排序型和分类型任务

排序型任务常用于阅读教学，为了让学生了解文章大概，领会文章内容的连贯性，教师通常会把文章的段落、图片顺序等打乱，然后给学生一定的时间熟读文章，让学生根据时间、逻辑顺序等把打乱的文章重新排列起来，完成规定的任务。

分类型任务则是需要学生找到数个相似事物的共同点，再根据这些共同点对这些相似事物进行分类。这里，掌握分类的标准很重要，标准不一样，分出的结果自然也会不一样。例如，教师在讲授koalas时，教师给出考拉和树懒的特征，然后设计一个任务，让学生给这些特征分类，哪些属于考拉，哪些属于树懒，以此来训练学生的组织和判断能力。

3. 比较型任务

比较型任务要求学生用英语比较相同性质的人或物，找出其相同点和不同点。如在讲授"What does he look like?"时，教师设计一个任务：把全班分为三大组，每一组选一个同学背对投影仪，老师在投影仪上展示班上一个同学的照片，台下的同学根据刚刚老师教过的词汇，结合投影仪上同学的外貌特征，给自己小组背对投影仪的同学提示，先猜出来的小组获胜。

通过此类活动，学生可以提高自己的分析和比较的能力，同时，锻炼自己的口语能力，加强对新词汇、句型的记忆，在任务中潜移默化地实现学习目标。

4. 解决问题型任务

解决问题型任务是让学生基于他们自己的认知，通过分析、判断、计算和推理来解决现实问题。比如，教师在讲授"How do you study for a test？"中关于学习方法的问题时，可以在课前设计出一个学习方式的表格，然后让学生通过阅读、上网查找和交流等方式来完成这个表格，之后学生以小组为单位汇总，然后在课堂上进行小组展示和交流。这些任务的目的是激发学生的思维，培养学生积极思考的能力。

5. 分享型任务

这种任务要求学生自由地交流个人的经历并分享个人体验。这种任务下的沟通不是正式的对话，因为它没有具体的目标和要求，只根据交谈者的交际意愿进行。这是人们日常交际中常有的任务，这些任务包括：叙述事件、描述生活、发表观点、表达态度等。比如，教师在讲授"Teenagers should be allowed to choose their own clothes"中关于青少年能不能被允许自己挑衣服的问题，教师可以将学生分为正方和反方两大组，然后进行辩论。在这种开放型任务中，学生畅所欲言，练习和习得语言，并能引发思考。

6. 小组创造型任务

"创造性"是指个人具有生产新颖、独特、具有社会价值的产品的能力或特征，而创造型任务具有探究性、实践性、创造性这三个显著特征。这里的任务也可称为项目，这种任务通常需要小组课后完成，因此它不仅限于课堂，而且它常常需要使用几种不同类型的方式来完成，如对话表演、现场采访、展出作品等方式，它可以促进学生结合自己的所学知识和情境，激发学生的创造性思维，提高学生的学习兴趣，在情境中培养学生的语言表达能力。

在实际教学中，教师需要灵活地设置这几种类型的任务，并指导学生在完成这些任务的过程中巧妙地训练他们使用英语的能力。

（二）任务型教学的特点

"做中学"是任务型教学在实践操作中重点强调的部分，它倡导以学生为中心的学习，并帮助学生在完成任务的同时掌握语言的学习。基于任务的教学有以下五个特征：

一是强调沟通；二是将真实材料引入学习环境；三是学生不仅注重语言学习，而且注重学习过程本身；四是将学生的个人生活经历作为课堂学习的重要资源；五是尝试将课堂上的语言学习与课堂外的语言活动结合起来。

任务型教学方法的特点充分体现了学生的语言习得规律，它提供了一个宽松和相对真实的语言环境，并将学到的知识应用到日常生活中。这为学生使用目标语言创造了更多的机会，学生将极大地提高学习兴趣。

（三）任务型教学的目标

中学英语教学应积极推进以任务为基础的教学方法。在教师的指导下，学生通过直观感知、体验和实践，积极参与小组合作，并通过自主学习，主动使用学过的语言来完成任务，并在完成任务的过程中自然地使用英语。具体的目标包括四点：一是初步培养学生在实际交流环境中使用英语的能力；二是让学生抱着积极的态度去学习英语；三是培养学生独立获取和使用语言的自主学习能力；四是培养学生跨文化的交际能力。

第二节 任务型教学在农村初中英语教学中的应用

一、在农村初中英语课堂实施任务型教学的必要性

在传统的农村初中英语教学中，教师教的大多是哑巴英语，学生为了应付考试而学习，导致学生综合应用英语的能力不高，学生很难在实际的交流环境中应用他们学到的知识。因此，我们有必要尝试新的教学方法来提升教学效果，这与新课改的思想遥相呼应。新课程改革要求教师改变教学思路，不再以教师为课堂的中心，转而将学生作为课堂的中心。教师不再具有权威性，而是成为沟通的一方。教师是交际活动的推动者，引导学生去理解所学内容。同时，教师需要帮助启发学生的思维，充分调动学生的参与热情和主动性；学生成为课堂教学的主体，他们在教师的指导下积极参与课堂教学，进行自主学习，培养自己的主观能动性。基于此，任务型教学应运而生，而在农村初中英语教学中实施任务型教学是十分必要的。

农村初中英语任务型教学围绕学生为中心，以学生的自主发展为基础，是一种新的教学模式，旨在促进学生的积极发展。它改变了传统农村初中英语课堂中以传授知识为主的形式，教师在建构学习理论的指导下，以任务为中心，在课堂教学中设计一个个的小任务引导学生完成，学生在完成任务的过程中有机会理解、体验，还拥有了练习英语的环境和条件。他们为完成任务积极思考，并用英语进行交流和互动。加强了自身对英语的体验与感知，提高了他们对英语的综合运用能力。但是，相比城市，要在农村初中有限的课堂上真正意义上地完成任务型教学，并非易事。

就师资来看，目前，大多数农村英语教师尚未接受有关英语教学相关理念的系统培训。他们的教育理念已经过时，教学方法落后。为了应对考试，教师专注于所谓的知识点，如单词、句型、语法等。学生依靠重复记忆来学习英语，导致他们缺乏动机和学习兴趣，导致大量的"哑巴英语"和"聋子英语"产生。教师的教学几乎全部围绕考试进行，往往忽略了学生英语素质的培养。

从学生自身能力的角度来看，农村学生的英语基础远弱于城市学生，增加了英语表达的难度，因此，在任务型教学的过程中必然会导致学生在执行任务时出现语言问题。为了完成任务，学生可能放弃英语，寻求母语帮助。

就学生家长重视程度来看，由于受教育程度低，教育水平低，农村父母对子女的学业表现缺乏全面、科学的认识。考试成绩已成为判断孩子受教育水平的唯一标准。这种情况也使得学生和教师只关注考试成绩。

考试成绩是测试教学效果和学生学习情况的重要依据。根据学生学习的具体情况，考试成绩的高低对教师的教学方法和教学计划的不断调整具有一定的意义。但是，教师更关注由考试成绩决定的显性指标，如升学率、优秀率、合格率等，往往不注重学生的素质的培养，这将导致"哑巴英语"现象。虽然学生的考试成绩不低，但学生在发展英语技能的同时不能培养自己运用语言的能力，生活中，他们也不能用英语交流来获取现实生活中的信息。针对这些现状，有必要在农村初中英语教学中实施任务型教学。

二、农村初中英语实施任务型教学面临的困难

（一）学生认知水平差异大

多数农村初中班级规模大，班中学生来自不同的地方，家庭环境也各不相同，如果采用任务型教学，在完成任务的过程中，学生虽然可以学习语言，但是如果他们在这一过程中产生语言错误，教师一般也不会去纠正，因为教学的重点是放在任务上，目标是语言的习得，只有当学生完成任务后，教师才会解释学生在完成任务时遇到的各种语言问题。但是同一个班的学生认知差异很大，学生面临的问题也不同，问题的难度系数也不一样，如果都由老师去一一讲解，课堂时间不够用，学生的学习效率也会比较低下。但如果是统一地设置教学任务进行任务型教学，则会导致成绩差的学生在课堂上常常会跟不上老师

的课堂节奏，而成绩好的学生难以满足自身对知识的需求，这些都会对任务的设计以及任务型教学的顺利开展提出挑战。

（二）学生英语水平普遍较差

农村学校的学生普遍家住农村，相比城市学生，主要有以下三个方面的原因导致他们的英语水平较差。①就教育资源而言，农村学校的孩子很难享受与城市学校相当的教学资源。②就教师资源而言，他们的老师也没有那么多机会去接受有关语言教学理念的系统培训。大多数农村教师只遵循他们读书时候的教育模式，英语学习的重点仍然是语法、单词、句型等，每天都让学生依靠重复的记忆学习英语。教学的形式单一，而城市初中学校的英语老师却不断在接受关于各种先进教育思想的培训。③就家庭环境来看，农村家庭学生的父母教育子女的观念普遍陈旧，对教育的重视也普遍比不上城市家庭，这些因素会直接导致农村初中学生的英语水平普遍较差。

（三）教师思想观念陈旧，教学方法落后

农村学校的老师普遍面临过重的教学任务。在农村中学，当学校缺乏专职的英语教师时，为了确保英语教学的正常开展，学校会安排部分英语教师承担更多的教学任务，往往会在原有执教班级的基础上再增加几个班，甚至还可能会跨学科和跨年级去教学，教学负担过重。部分农村学校的英语老师总是忙于各自乏味的、重复的、琐碎的教学事务，容易产生厌教情绪，更不用说去主动提升自己的专业素养了。因此大多数农村初中英语教师总是一届一届地重复着自己的教材和教案，不愿意花费精力去尝试新的教学方法，课堂上，他们会针对早已烂熟于心的考纲，不厌其烦地讲解着语法，但是，学生参加实践的机会很少。甚至有许多农村初中英语教师直接使用中文上课，学生也使用中文回答问题或参与其他互动，这就导致英语学习环境的缺乏。

农村初中英语教师的教学方法过于古板、过于陈旧。他们不善于学习其他老师的优势，也没有太多机会外出接受培训，他们甚至没有意识到需要更新他们的知识储备。长期重复这种教学模式，不仅教师自己觉得很累，对于学生来说，教师每天的教学方法过于单调、毫无新意，学生也产生不了兴趣。长期下去，会直接导致学生厌学、教师厌教。

（四）教学任务设置单一

由于农村初中英语教师的教学任务普遍较重，因此他们在教学中实施任务型教学的时候，往往只停留在任务的表面，面对学校不同的任教班级，他们通常采用一个教案用到底，不会根据不同班级不同学生的实际情况来定制任务。这也就偏离了在农村初中实施任务型教学的初衷。因为这个任务并不一定适合每个班级——毕竟各个班级的特点不一样：有的班活泼，有的班沉稳；有些班级普遍英语成绩好，有些班级学习英语困难。总之，在农村初中英语教学中如果任务设置单一，往往导致设置的任务不能达到预期的效果，学生的参与度也不高。

三、农村初中英语课堂实施任务型教学的原则、方法、操作步骤

（一）设计任务型教学的原则

在教师实施任务型教学法时，选择的任务应该激励学生使用这种语言，这就是任务型教学的最基本设计原则。但是，鉴于农村初中英语教学面临的诸多复杂因素，教师在设计任务时应遵循以下原则：

1. 任务的情境是真实的

由于农村初中学生的认知差异大，在任务前，教师应尽可能设计较为真实的任务情景，并让学生提前熟悉任务的环境，之后再正式进入任务型教学。在学生完成任务的过程中，教师需要不断鼓励学生在模拟出来的真实环境中去理解和使用语言，在实践过程中不断提高学生运用英语的能力。

2. 布置的任务不应过分强调学生使用英语的形式，而以意义优先

多数农村初中的孩子英语水平不高，在完成任务时，如果过分要求学生必须使用刚刚讲授的词汇和句型，不利于培养学生的学习积极性，时间久了，甚至可能引起学生厌学。教师新教授的语言形式并不是用来规定学生在完成任务时使用的语言形式，而是用于完成任务后教师在帮助同学们反思任务完成过程中的参考，从而使教师在英语教学中更加具有权威性。

3. 设计的任务应尽可能激发学生的语言输出

农村初中学生在初学英语阶段，由于小学基础差，很多学生对于用英语交流会感到很羞涩，担心自己出错、被嘲笑，但是，学生只有在输出语言的

过程中才有可能意识到自己存在的语言知识上的漏洞，然后才会激发他们分析自己的语言输出和他们已有的语言资源，才会帮助提高他们运用语言的能力。

4. 教师需要把握和调控任务的难度，注意分层教学

在实际教学中，难度太大的任务不利于学生语言的输出，也容易使学生丧失自信，与任务型教学的思想相违背。而在农村初中英语的实际教学中，教师面对的学生英语水平往往参差不齐，如果任务单一，很难满足全班同学的需求，因此，需要适当地分层教学，比如，同一个任务，针对不同的学习小组，设定不同的完成难度，这个难度包括句型、词汇、呈现方式等。难度适宜的任务能帮助学生培养运用英语的自信心，还能调动学生的参与主动性和积极性。

总之，任务设计的恰当与否是任务型教学法成功的关键，所设计的任务合适与否将直接决定任务型教学法的成功与失败。在农村初中英语教学中，教师在设计任务时应把以上任务设计的四项原则作为重要的参考依据。

（二）实施任务型教学的方法

在农村初中英语课堂开展任务型教学法应以学生为主，教师引导为辅。因此，在设计教学活动的过程中，教师应设计学生可以通过一系列独立活动来完成的学习任务。当然，在农村初中英语课堂实施任务型教学的过程中，不可避免地会遇到各种实际问题。但是，随着我国广大一线教师对教学改革和外语教学实践的不断深入，这些问题将会逐一得到解决。

1. 改变教师角色

过去，教学活动是在教师的指导和控制下进行的。教师的教学通常基于教科书的要求。因此，学生的需求和感受没有得到重视，学生的地位往往被忽视，导致学生的课堂学习过于循序渐进，不去考虑与教科书无关的内容，从而抑制学生的创造性和好奇心。新课程改革要求教师打破传统的教学模式，改变传统的以教师为中心的形式，将学生变为课堂的中心。教师不再是权威的，而是沟通的一方，他们是交际活动的推动者，是课堂上的引导者，在课堂中引导学生去理解所授课程内容，启迪学生的思维，并充分调动学生参与。而学生在教师的指导下积极参与到课堂活动中，并学会自主学习，培养自己的主观能动性。在这一过程中，教师角色发生了改变——即从教学活动的控制者转向教学

活动的引导者，这个改变至关重要。

2. 改变教学模式

授课教师可以根据自己的教学理念和具体需要，设计和选择任务与活动。其中，每项任务都有一个需要解决的问题，而学生需要知道教师的具体的任务、目标、要求，从而去主动探究解决问题的途径和方法，进而可以进行发现式的学习。而在教材处理方面，教师也要不拘泥于教材内容，对教材内容进行大胆创新。

3. 创造宽松的教学氛围

在任务型教学的实施过程中，教学过程不再是教师机械地向学生传授现有知识，而是进行了诸多改变。第一步是改变师生关系。教师应改变自己的角色，逐步在课堂上建立民主、平等、和谐的师生关系，营造轻松民主的教学氛围。教师应学会尊重、容忍和关心学生，在课堂内外善待每一个学生，并积极寻求与学生交流的机会，让学生在宽松的学习环境中平等地进行师生交流。教师要不断地给予学生表扬和激励，让学生不断获得自信，争取自我提高。如果学生在完成任务期间得到老师和同学的肯定，他们就会充满信心。如果教师宽容对待每个学生，那么就可以创造一个民主、平等、放松、自由的教学氛围。只有在轻松的教学氛围中，才能最大限度地调动学生的学习积极性，这有利于促进农村初中英语任务型教学的顺利开展。

4. 创建真实的语言环境

争取任务的真实性是任务型教学的重要原则。这要求教师在设计任务时为学生提供清晰、真实的语言信息，帮助学生在自然的、真实的或模拟的真实情景中理解和学习语言，然后知道如何使用它。因此，教师在创设任务活动时，首先需要充分掌握教材的内容，然后需要创建出与学生生活环境、学习经历和社会现实密切相关的语言任务场景。通过这些方式，去激发农村学生的学习兴趣和参与活动的积极性，使他们觉得学习和生活是不可分割的。学生在课堂上参与的交流任务越多，他们学到的语言就越多，他们的词汇量就越丰富，进而他们的语言交际能力提升就越明显。当然，构成交流任务的素材种类繁多，例如，可以将制作生日贺卡、装饰图书角、表演话剧、举行节日庆祝party等任务与某些节日相结合，可以与当地的某些大型活动相结合，如给学校附近的洽谈会招聘英语志愿者小分队，也可以去调查学生最喜爱的食堂窗口等任务。

（三）实施任务型教学的操作步骤

在农村初中实践英语任务型教学的过程中，"任务"指的是为达到某一具体的学习目标而设计的活动，而在具体的操作过程中，它可以分为任务前、任务中和任务后三个阶段，如图11-2-1所示。

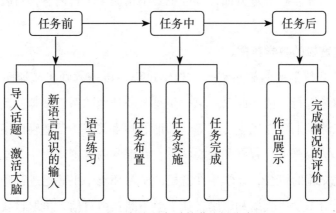

图11-2-1 实施任务型教学的操作步骤

1. 任务前阶段

任务前阶段也称为任务型教学的准备阶段。由于农村初中生认知差异大，在这个阶段中，老师需要将任务的主题和内容展示给学生，并留给学生集中思考的时间，其目的是让学生了解任务并做好准备，并激活学生原有的与主题相关的英语词汇和短语，帮助学生熟悉任务，激发他们的学习兴趣和动机，提高他们完成任务的自信心。

2. 任务中阶段

在这个阶段，学生需要运用他们的知识和技能来完成交际任务，这通常可以在小组或配对练习中完成。在这个阶段，教师的主要任务是培养学生使用英语的能力，教师还需要注意任务难度的分层，以确保每个学生真正参与到任务中。在这个阶段，学生可以锻炼自己的语言运用能力，增强学习英语的自信心，并学会合作学习。

3. 任务后阶段

这个阶段最主要的任务有两个：第一是展示学生作品；第二是评价学生任

务的完成情况，教师给予具体的指导和建议，其中，教师还需注意对学生的分层评价。在这个阶段，教师对学生以鼓励为主，对学生尽可能地多用赞扬性语言。教师需要密切地关注学生的情绪变化，帮助学生排除心理障碍，鼓励学生积极地参与到活动中来，并和学生一起分享任务的成果。

第三节　任务型教学对农村初中英语教学的促进作用

一、农村初中英语教学中实施任务型教学对英语教学的促进作用

农村初中任务型教学是以学生为中心，以学生的自主发展为基础，以促进学生的主动发展为宗旨的新型的教学模式，在农村初中实施任务型教学有助于实现新课标规定的教学目标，在实际教学中有以下影响。

（一）有利于杜绝传统语言教学中"哑巴英语"等现象

在传统的英语教学中，教师为了应付考试，仍把英语学习的重点放在单词、句型、语法等所谓的知识点上，让学生依靠不断的重复记忆来进行英语学习，学生缺乏学习动机和兴趣，产生了"哑巴英语"和"聋子英语"的现象。在农村英语任务型教学中，由于教师按学生的水平分层次安排了任务，而这些任务又与学生的生活实际相结合，学生更有可能对这些任务感兴趣，因此学生在课堂上有更多的话题，更愿意与老师和同学交流。此外，任务通常以小组形式完成。在完成任务的过程中，学生有明确的目标，小组成员间互相交流、讨论和合作。如此，学生对英语学习有了更大的兴趣，学生有更强的学习英语的动机，不仅提高了自己的英语成绩，而且提高了自己综合运用语言的能力。"哑巴英语"和"聋子英语"等现象自然得到了遏制。

（二）有利于提升学生的学习兴趣

在农村初中英语教学中，学生往往缺乏英语学习的兴趣，而这往往是教师教育观念陈旧导致的。不少教师是自己以前怎么学的，现在就怎么去教学生。

在这种枯燥的课堂上，学生必然会觉得英语学习是枯燥乏味的。但是，在任务型英语教学中，教师如果把课堂任务与学生的生活实际相结合，学生更容易产生兴趣。农村初中英语任务型教学的重心应放在学生的学上，而不能过分依赖老师的教。因此，教师在课堂上更多的是起到引导学生完成课堂任务的作用。教师在教学过程中应尊重学生，多给予学生鼓励，并对学生的表现给予多层次的评价。这样，学生自然就容易产生学习英语的兴趣。

（三）有利于优化学生的学习方式

在传统的英语教学中，学生往往是被动地去接受知识，依靠自己不断去重复记忆来学习，但是在农村初中英语任务型教学中，学生是根据老师的引导，在老师设计的与实际生活相接近的环境下去主动地完成任务。这有利于改善学生被动接受学习的局面，学生为了完成任务，会主动运用所学的知识去解决问题。这符合英语新课标的改革要求。

（四）有利于实现个性化教学

任务型语言教学相较于传统的教学方法，更加关注教学的本身和过程。这有利于帮助学生形成自主学习的能力，在整个过程中学生都可以根据自己的实际需求，在教师的引导下，选择自己需要的内容去学习，这有利于个性化教学。

二、农村初中英语教学中实施任务型教学的建议

（一）加强教师培训

在实施任务型教学的过程中，如果一堂课仅仅由上课教师自己来设计任务是很难的，教师上课需要准备的东西很多，这对实施任务型教学教师的个人素质提出了很高的要求，教师不仅要熟知本班学生的实际情况，还要为他们量身打造合适的任务。因此，农村初中英语任务型教学能否顺利实施开展，关键还要看教师。对比传统的英语教学方式，任务型教学不仅仅是教师把知识传授给学生，它还需要教师把课堂的主导权交给学生，并且引导学生在完成任务的过程中获得知识。这对教师有了更高的要求，因为它需要教师去拓宽自己的视野，构建出自己的知识体系，从而可以在课堂中灵活地引导学生去获取新知。因此，需要加强教师培训，这将有利于教师自身素养的提高和任务型教学的开展。

（二）精心设计任务

针对农村初中学生普遍水平不高、每个班学生认知差异大的特点，在设计活动的过程中，教师应注意设计的活动要有针对性，不能一个任务让全班同学都去完成，要注意任务的分层，不能仅仅针对英语水平高的同学。具体操作可以是：按照班级学生的水平，将学生划分为能力相当的几个小组，分配的任务难度也不一定相同，再根据实际的教学效果进行相应调整，要保证班上所有同学都真正参与到任务中去。总而言之，要保证设计出来的任务贴近学生的生活，让学生有信心和兴趣接受更多的挑战，只有这样，才能真对在农村初中英语实施任务型教学。

（三）改造英语学习氛围

由于农村初中学生的英语水平普遍较差，他们普遍在英语课上的表现会比在其他课上更为腼腆。绝大多数的学生是因为担心自己语音不标准，被老师或同学嘲笑，所以不愿意在课堂上开口。而这种只有教师输入、少有学生输出的课堂，会直接导致越来越多的"哑巴英语"现象产生。农村初中英语任务型教学强调学生在过程中去学习，这就要求教师在任务中不断对学生进行语言的输入，还需要使学生大量地输出，让学生在实际运用英语的过程中去提升自己的运用语言的能力。因此，教师在英语教学中要多鼓励学生，对于学生犯的语言错误，不能逢错必究，需要保持适度的宽容。教师应着眼于通过语言教学，帮助学生情感态度健康发展，在任务中应侧重培养学生的学习兴趣、动机，同时，还需培养学生自信、合作的良好品格，在不断地潜移默化的过程中慢慢地改变农村初中英语学习的氛围。

（四）合理的教学评价

教学中教师单一的教学评价往往不能真正起到激励学生的效果，很难提高学生完成任务的积极性。教师应把教学评价的重点放在任务的过程中，不仅仅针对学生在练习中出现的语法问题，还应包括他们在任务中小组的表现和与小组成员的合作情况。而教师评价的方式也应多样化，除了口头评价，还可以采用书面评价，如张贴学生的任务成果、写表扬信等。教师不一定非要是评价的主体，学生之间也可以互评，让更多的学生参与到评价中来。逐步实现课堂评价由终结性评价向过程性评价的转变，为学生语言学习的可持续进步打下坚实的基础。

（五）改善教学条件

农村初中英语教学效果差，除了教师参加培训的机会少、学生普遍基础差等原因，还因为教学资源的缺少。现阶段城市初中教学普遍用上了电子白板，更有城市学校普遍推广平板教学，学生通过平板在课堂上与老师互动，实时给予老师教学反馈，课后学生也可以享受网络资源进行巩固学习。但农村学校不仅教学环境较差，还有老师连PPT都不会用，仅仅靠黑板和粉笔给学生呈现知识，使得农村学生在同样的课堂时间里不能获得与城市学生等量的知识，导致城市和农村英语教学水平的差距越来越明显，因此，改善农村初中英语教学的条件迫在眉睫。

参 考 文 献

［1］于文. 初中英语教学模式实践研究［M］. 北京：北京工业大学出版社，
　　2019.

［2］李红燕. 多视角下的初中英语教学方法研究［M］. 北京：中国原子能出版
　　社，2019.

［3］巫伟民. 因地制宜，适切教研，核心素养视角下的初中英语教学策略［M］.
　　长春：吉林人民出版社，2019.

［4］周泽渊. 初中英语基础知识与教学创新探索［M］. 长春：吉林教育出版
　　社，2019.

［5］李慧荣. 初中英语有效教学实践与探索［M］. 延吉：延边大学出版社，
　　2019.

［6］许欣. 初中英语基础知识与教学创新探索［M］. 长春：吉林出版集团有限
　　责任公司，2019.

［7］曹群珍. 初中英语读写结合教学设计［M］. 杭州：浙江教育出版社，2019.

［8］江红. 初中英语教学设计［M］. 哈尔滨：黑龙江教育出版社，2018.

［9］白莹. 初中英语教学实践［M］. 北京：现代出版社，2018.

［10］王淑文. 初中英语教学研究［M］. 海口：南海出版公司，2018.

［11］王红，张加国. 初中英语教学策略探索［M］. 北京：团结出版社，2018.

［12］毛凤岚，杨洪艳，陈文焱. 初中英语教学模式与策略研究［M］. 长春：
　　吉林大学出版社，2018.

［13］杨文华，姜红梅，王沁. 初中英语语法教学探索［M］. 长春：东北师范
　　大学出版社，2018.

［14］刘国权.初中英语课堂教学探究［M］.延吉：延边大学出版社，2018.

［15］程树伟.初中英语课堂教学方法［M］.长春：吉林大学出版社，2018.

［16］王丽.初中英语情景短剧教学改革与探索［M］.长春：吉林人民出版社，2018.

［17］杨秀.初中英语阅读写作一体化教学［M］.长春：吉林人民出版社，2018.

［18］鞠曼莉.初中英语课堂教学行为创新［M］.哈尔滨：黑龙江大学出版社，2018.

［19］吴晓威，吕艳斌.初中英语作文教学指导手册［M］.长春：吉林人民出版社，2018.

［20］车向军.基于思维发展的初中英语教学设计与实施［M］.北京：北京出版社，2017.

［21］杨淑英.初中英语语法教学研究［M］.长春：吉林人民出版社，2017.

［22］刘健，施志红.初中英语写作教学活动设计［M］.上海：上海教育出版社，2017.

［23］杨海春.学生发展核心素养视域下的课堂教学指南（初中英语）［M］.长春：东北师范大学出版社，2017.

［24］王丽.初中英语教学［M］.沈阳：沈阳出版社，2017.

［25］王忠.初中英语教学研究［M］.北京：团结出版社，2017.

［26］周慧申.初中英语教学研究［M］.北京：北京燕山出版社，2017.

［27］薛翠红.初中英语教学研究与实践［M］.北京：团结出版社，2017.

［28］张德平.初中英语教学与管理艺术研究［M］.长春：吉林美术出版社，2017.